Die Rechtsverhältnisse

der

geschlossenen Gesellschaften und Vereine

nach preussischem Recht

unter besonderer Berücksichtigung der Befugnisse der Polizeibehörden.

Von Dr. jur. H. Delius

Landgerichtsrath.

Berlin 1902.

J. J. Heines Verlag.

Verzeichniß der Abkürzungen und der Litteratur.

a. a. O. = am angegebenen Orte.
Abs. = Absatz.
a. E. = am Ende.
A. G. z. = Ausführungsgesetz zum . . .
A. L. R. = Allg. Landrecht für die preußischen Staaten.
Art. = Artikel.
Bd. = Band.
bezw. = beziehungsweise.
B. G. B. = Bürgerliches Gesetzbuch.
Bl. = Blatt.
Caspar = Caspar, Das Preuß. Versammlungs- und Vereinsrecht. 1894.
C. P. O. = Civilprozeßordnung für das deutsche Reich in der Fassung vom 20. Mai 1898.
Delius = Delius, Preuß. Vereins- und Versammlungsrecht 2. Aufl. 1896.
D. J.-Z. = Deutsche Juristenzeitung (Verlag von O. Liebmann, Berlin).
E. = Entsch.
E. G. z. = Einführungsgesetz zum . . .
Groschuff = Groschuff-Eichhorn-Delius, Preußische Strafgesetze.
G. S. = Preuß. Gesetzsammlung.
G. V. G. = Gerichtsverfassungsgesetz für das deutsche Reich in der Fassung v. 17. Mai 1898.
Goltd. = Goltdammer's Archiv für Strafrecht. (R. v. Decker's Verlag, Berlin.)
J.M.Bl. = Preuß. Justizministerialblatt.
Johow = Johow-Ring, Jahrbuch der Entscheidungen des Kammergerichts (Verlag v. Vahlen, Berlin).
K. G. = Kammergericht.
L. G. = Landgericht.
M. Bl. = Preuß. Ministerialblatt für die innere Verwaltung.
Mot. = Motive.
N. = Note.
Obertrib. = Preuß. Obertribunal.
O. L. G. = Oberlandesgericht.
O. R. = Oppenhoff, Rechtsprechung des preuß. Obertribunals.
O. T. = Preuß. Obertribunal.
O. V. G. = Oberverwaltungsgericht.
Preuß. Verw.-Bl. = Preußisches Verwaltungsblatt (Heymann's Verlag, Berlin).
R. G. = Reichsgericht.
S. = Seite.
Selbstverw. = Selbstverwaltung. Volksthümliche Wochenschrift (Verlag v. Faber, Magdeburg).
St.P.O. = Strafprozeßordnung für das deutsche Reich.
St.G.B. = Strafgesetzbuch für das deutsche Reich.
vgl. = Vergleiche.
Verf. = Verfassung.

Vorwort.

Für die Rechtsverhältnisse der sog. geschlossenen Gesellschaften, welche bei dem in Deutschland herrschenden Vereinsleben in zahlloser Menge bestehen, sind im Wesentlichen die in den verschiedenen Regierungsbezirken bezw. Städten erlassenen Polizeiverordnungen maßgebend. Die Gesetzgebung hat nur sporadisch regelnd eingegriffen. Von hervorragender Bedeutung ist die Rechtsprechung des höchsten preußischen Verwaltungsgerichtshofes, des Oberverwaltungsgerichts, und des höchsten Gerichtshofes für Landesstrafsachen, des Kammergerichts in Berlin. Die Materie ist jedoch noch keineswegs erschöpfend geklärt; insbesondere sind die Befugnisse der Polizei gegenüber den geschlossenen Gesellschaften noch nicht endgiltig festgelegt. Daher die wiederholten Streitigkeiten der Polizei mit den Gesellschaften, deren Mitglieder sich durch das polizeiliche Einschreiten in ihren Rechten verletzt fühlen. Um den Polizeibehörden einerseits und den Vorsitzenden der geschlossenen Gesellschaften andererseits eine feste Richtschnur zu geben, ist das vorstehende Buch geschrieben. Es sind dabei Versammlungen, Lustbarkeiten, Tanzvergnügungen, Aufzüge, Schankbetrieb u. s. w. eingehend zur Erörterung gezogen; auch ist der Schankwirte, welche ihre Lokalitäten den geschlossenen Gesellschaften einräumen, gedacht. Da geschlossene Gesellschaften meistens Vereine sind, war ein tieferes Eingehen auf das preußische Vereinsrecht erforderlich, sodaß der sich auf geschlossene Gesellschaften beziehende Titel vielfach zu eng erscheint. Das Buch könnte deshalb auch „Preußisches Vereinsrecht" benannt werden. Die Rechtsverhältnisse der Kriegervereine, Schützengilden, Freimaurerlogen und Studentenvereine sind ebenfalls zur Darstellung gebracht.

Cottbus, im Mai 1902.

Der Verfasser.

Inhalts-Verzeichniß.

§ 1. Einleitung.

Die Frage der sog. „geschlossenen Gesellschaften" steht zur Zeit im Vordergrunde des Interesses. Auf dem Lande und in kleinen Städten empfindet man es unangenehm, daß man an die Polizeistunde gebunden ist, also im Sommer um 11 Uhr, im Winter schon um 10 Uhr die Wirthschaft, in der man gern noch länger verweilt hätte, verlassen und sich nach Hause begeben muß. (§ 365 St.G.B.) Oeffentliche Vergnügungen, insbesondere Tanzlustbarkeiten, sind, abgesehen von der Besteuerung, fast überall an polizeiliche Genehmigung geknüpft.[1]) Dieselbe wird zumal auf dem platten Lande verhältnißmäßig selten ertheilt.[2]) In größeren Städten muß jedes öffentlich aufzuführende Theaterstück vorher der Polizei zur Zensur eingereicht werden.[3]) Vgl. Polizei-Verordnung des Polizeipräsidenten von Berlin vom 10. Juli 1851. (Amtsbl. S. 219.) Auch diese Verpflichtung ist Vielen lästig. Allen diesen Beschränkungen kann man sich nun dadurch entziehen, daß man sich aus der „Oeffentlichkeit" flüchtet und eine geschlossene Gesellschaft gründet oder als „Gast" einer solchen an deren Veranstaltungen theilnimmt. Zweifellos wird hier häufig eine Umgehung der Gesetze beabsichtigt. Dasselbe gilt auch von Privatgesellschaften, welche Jemand in's Wirthshaus einladet.[4]) Es erscheint daher angezeigt, der auf dem Titelblatt angegebenen Frage einmal näher zu treten, zumal die Judikatur des Kammergerichts und die des Oberverwaltungsgerichts nicht durchweg übereinstimmen. Es gehört garnicht zu den Seltenheiten, daß die Strafverfügungen der Polizei-

[1]) Die Rechtsgültigkeit einer solchen Verordnung ist vom O. V. G. (Urth. v. 24. Sept. 1898; E. 18, 423) angenommen.

[2]) Daß in Folge dessen die Landbewohner Sehnsucht bekommen, nach der Stadt zu ziehen, liegt auf der Hand. Man sollte im volkswirthschaftlichen Interesse die Zahl der Vergnügungen nicht einschränken, sondern nur eine frühere Schlußstunde festsetzen, damit die Leute am anderen Tage wieder frisch zur Arbeit sind.

[3]) Die Rechtsgültigkeit solcher Verordnungen bestätigt O. V. G. (Urth. v. 24. Jan. 96; E. 29, 429).

[4]) Vgl. § 16 am Ende.

behörden von den Gerichten aufgehoben werden, weil die betreffenden Polizeiverordnungen rechtsungültig sind. Das ist ein wenig erquicklicher Zustand.

Uebrigens nehmen die meisten nicht-politischen Vereine, also diejenigen, welche nur geselligen, künstlerischen u. s. w. Zwecken huldigen, für sich die Rechte einer geschlossenen Gesellschaft in Anspruch. Da die nicht politischen Vereine im deutschen Vereinsleben die Mehrzahl bilden, so empfiehlt sich auch für sie die nachfolgende Untersuchung, denn auch dann, wenn eine Gesetzesumgehung nicht beabsichtigt wird, kann es Konflikte mit der Polizei bezüglich der beiderseitigen Befugnisse geben.[1] Auch politische Vereine können geschlossene Gesellschaften bilden.

Man unterscheidet:

a) geschlossene Gesellschaften (im weiteren Sinne), d. h. solche, welche nur zu einem bestimmten Zwecke z. B. zur Veranstaltung von Lustbarkeiten zusammentreten. Man kann diese auch „geschlossene Versammlungen" nennen;

b) geschlossene Gesellschaften (im engeren Sinne) d. h. solche, welche schon anderweitig bestehen und nunmehr für ihre Mitglieder und etwaigen Gäste zu Versammlungen, Theateraufführungen, Tanzlustbarkeiten u. s. w. schreiten. Zweckmäßig werden sie „geschlossene Vereine" genannt. Diese Unterscheidung beruht auf dem Ministerialerlaß vom 26. Nov. 1859 (M. Bl. f. d. i. V. S. 339).[2]

Die Gesellschaften unter a werden im § 16 zur näheren Erörterung gelangen. Für die Praxis am wichtigsten sind die geschlossenen Gesellschaften unter b. Diese sind eine Unterart der Vereine, wie in den §§ 2—15 näher auseinandergesetzt werden wird. Zwecks umfassender Erörterung ist daher zunächst ein Eingehen auf die Rechtsverhältnisse der Vereine überhaupt erforderlich.

---

[1]) Vgl. Beyendorff, Polizei u. gesellige Vereine. Selbstverw. 1902 S. 145, der anerkennt, daß in zahlreichen Fällen neuerdings dem polizeilichen Vorgehen die Rechtsgültigkeit habe abgesprochen werden müssen.

[2]) Abgedruckt im § 8 unter b am Ende.

Abtheilung I.

Geschlossene Gesellschaften im engeren Sinne (geschlossene Vereine).

Abschnitt A.

Das Vereinsrecht.

§ 2. Quellen des Vereinsrechts.

Nach Art. 4 Ziff. 16 der deutschen Reichsverfassung unterliegt das Vereinswesen der Beaufsichtigung und Gesetzgebung des Reiches. Bisher ist jedoch ein Reichsgesetz, welches das Vereinswesen in öffentlich-rechtlicher Beziehung regelt, noch nicht ergangen, vielmehr hat das Reich von seiner Zuständigkeit nur durch einzelne Bestimmungen z. B. § 17 des Wahlgesetzes für den Reichstag vom 31. Mai 1869 (B. G. Bl. S. 145), Reichsgesetz vom 11. Dezember 1899 (R. G. Bl. S. 699) betr. Aufhebung des Verbots des Inverbindungtretens politischer Vereine, Gebrauch gemacht. Die Vereinsgesetze der einzelnen Bundesstaaten sind daher noch in Kraft. Maßgebend für das Vereinsrecht in Preußen ist die preußische Verfassungsurkunde vom 31. Januar 1850 (G. S. S. 17) Art. 29 und 30 und die Verordnung [1]) über die Verhütung eines die gesetzl. Freiheit und Ordnung gefährdenden Mißbrauchs des Versammlungs- und Vereinsrechts vom 11. März 1850 (G. S. S. 277). Inwieweit die Polizei auf Grund des § 6 des Polizei-Gesetzes vom 11. März 1850 (G. S. S. 265) und § 10 II, 17 A. L. R., der Allerhöchsten Kabinetsordre vom 7. Febr. 1837 (G. S. S. 6) [2]) u. s. w. Vereinen gewisse Beschränkungen auferlegen kann, wird weiter unten in den §§ 9 ff erörtert werden.

Das Vereinsrecht in privatrechtlicher Beziehung regeln jetzt die §§ 21—79 B. G. B., [3]) soweit nicht bereits für gewisse Gesellschaften reichsgesetzliche oder landesgesetzliche Normen eingreifen.

§ 3. Arten der Vereine.

Nach preußischem Recht kann man die Vereine eintheilen in

a) solche, welche eine Einwirkung auf öffentliche Angelegenheiten bezwecken,

---

[1]) Dieselbe hat Gesetzeskraft und wird unten kurzweg als „Vereinsgesetz" bezeichnet.

[2]) Für die neuen Provinzen das Gesetz vom 9. Mai 1892 (G. S. S. 107). Vgl. unten § 13.

[3]) Vgl. unten § 4.

b) solche, welche öffentliche Angelegenheiten garnicht in den Kreis ihrer Berücksichtigung ziehen, also z. B. Vereine lediglich geselliger Art u. s. w.

I. Die Vereine der Gruppe a zerfallen wieder in folgende Unterabtheilungen:

1. Vereine, welche lediglich eine Einwirkung auf öffentliche Angelegenheiten bezwecken. (§ 2 des preuß. Vereinsgesetzes.) „Oeffentl. Angelegenheiten" sind alle Angelegenheiten, welche nicht ausschließlich einzelne physische oder juristische Personen oder deren Privatinteressen, sondern im Gegensatz hierzu die Gesammtheit des Gemeinwesens und das gesammte öffentliche Interesse berühren [1]). Es gehören hierher also insbesondere auch diejenigen, welche sich auf politischem, religiösem oder sozialem Gebiet bewegen. (Vgl. unten § 6 I.)

2. Kirchliche und religiöse Vereine, welche Korporationsrechte haben [2]), und solche, welche keine besitzen. (Vgl. unten § 6 I.)

Korporationsrechte besitzen zur Zeit die christlichen Kirchen, nämlich die römisch-katholische einschließlich der altkatholischen, die reformirte und die unirte (§ 17 II, A. L. R.; Ges. v. 4. Juli 1875; G. S. S. 333), die separaten Altlutheraner (Generalkonzession v. 23. Juli 1845; G. S. S. 516), die Herrenhuter und böhmischen Brüder (Generalkonzession v. 7. Mai 1846 und 18. Juli 1763) und die einzelnen jüdischen Synagogengemeinden (Ges. v. 23. Juli 1847; G. S. S. 263). Die Mennoniten (Ges. v. 12. Juni 1874; G. S. S. 263) und die Baptisten (Ges. v. 7. Juli 1875; G. S. S. 374) haben Korporationsrechte ebenfalls erlangt bezw. können es auf Grund der angezogenen Gesetze erwerben.

3. Politische Vereine.

a) Vereine, welche bezwecken, politische Gegenstände in Versammlungen zu erörtern (§ 8 des preuß. Vereinsgesetzes),

b) Vereine, welche bezwecken, politische Gegenstände nicht in Versammlungen, sondern nur in Sitzungen oder in anderer Weise z. B. durch schriftliche Mittheilungen oder durch Druckschriften zu erörtern, [3])

---

[1]) R. G. v. 25. Januar 1892 (E. i. Straff. 22, 338). Ob eine Angelegenheit als öffentliche zu erachten ist, richtet sich wesentlich nach den Gesichtspunkten, unter welchen die Erörterung und Berathung stattfinden soll (K. G. 21. März 01; Goltd. 48, 370).

[2]) Diese unterstehen dem Vereinsgesetze überhaupt nicht.

[3]) Vgl. R. G. E. in Straff. 28, 66 und O. V. G. v. 10. Nov. 1896; D. J.-Z. 1897 S. 227.

c) Wahlvereine, d. h. Vereine der unter a bezeichneten Art, welche aber lediglich in Beziehung auf konkrete anstehende oder bevorstehende Wahlen zum Reichstag oder preußischen Abgeordnetenhaus [1]) eine Wirksamkeit entfalten (§ 21 des preuß. Vereinsgesetzes). Daß der Wahltag schon amtlich bekannt gemacht ist, erscheint nicht erforderlich. Der „Wahlverein" hört aber als solcher auf mit dem definitiven Schluß des Wahlaktes. [2]) Löst er sich jetzt nicht auf, sondern setzt seine Thätigkeit z. B. für zukünftige Wahlen fort, so wird er ein politischer Verein, welcher den Vorschriften unter § 8 des Vereinsgesetzes unterliegt. [3])

Das Wahlgesetz für den Reichstag v. 31. 5. 69 (B. G. Bl. S. 145) bestimmt im § 17:

„Die Wahlberechtigten haben das Recht, zum Betrieb der den Reichstag betreffenden Wahlangelegenheiten Vereine zu bilden und in geschlossenen Räumen unbewaffnet öffentliche Versammlungen zu veranstalten. Die Bestimmungen über die Anzeige der Versammlungen und Vereine, sowie die Ueberwachung derselben bleiben unberührt."

Für Wahlvereine zur Landtags- und für diejenigen zur Reichstagswahl besteht ein verschiedenes Recht.

Für die Vereine zur Vorbereitung von Landtagswahlen bestehen keine Vorschriften über die Voraussetzungen der Mitgliedschaft. In ihnen dürfen deshalb auch Frauen,[4]) Lehrlinge und Schüler ohne Einschränkung Mitglieder sein. Bei Reichstagswahlen dürfen nach § 17 des Gesetzes vom 31. Mai 1869 nur Wahlberechtigte Mitglieder von Wahlvereinen sein. Frauen sind also ausgeschlossen, Schüler und Lehrlinge nur, soweit sie nicht wahlberechtigt sind.

II. Die größte Gruppe bilden die Vereine unter b, also diejenigen, welche eine Einwirkung auf öffentliche Angelegenheiten nicht bezwecken. Hierher gehören die Vereine, die gemeinnützigen, wohlthätigen, wissenschaftlichen, künstlerischen, geselligen und wirthschaftlichen

---

[1]) Nicht z. B. für Stadtverordnetenwahlen, Wahlen zum Provinziallandtage.

[2]) Wird eine Stichwahl oder Nachwahl erforderlich, so kann er sich von Neuem bilden.

[3]) Vgl. § 6 unter B.

[4]) Thilo, Vereinsrecht, S. 110, ist anderer Ansicht; Groschuff, S. 73, schließt sich an, weil aus den Verhandlungen der II. Kammer (Sten. Ber. II. K. 1850 V 2777) sich ergebe, daß man bei dem § 21 nur an die Beschränkung b des § 8, an das Verbot der Verbindung von Vereinen gleicher Art gedacht habe, nicht aber an die Beschränkung a jenes Paragraphen. Diese Ansicht steht indeß mit dem Wortlaut des § 21 nicht im Einklang, der ausdrücklich von „Beschränkungen" redet.

Zwecken huldigen. Man denke an gesellige Klubs, Kasinos, Gesang=, Turn=, Sportvereine u. s. w.

Unter diesen Vereinen sind hervorzuheben:

1. die Kriegervereine und Marinevereine;[1])

2. die Schützengilden.[2]) Nach § 11 Nr. 4d der Oberpräsidialinstruction steht die Genehmigung zur Gründung neuer und zur Umänderung oder Aufhebung schon bestehender gemeinnütziger Anstalten dem Oberpräsidenten zu. Zu derartigen Anstalten gehören auch die Schützengilden und es fällt diesem daher auch die Prüfung und Bestätigung derselben, sofern es sich nicht um Abänderung einer landesherrlich sanctionirten Grundverfassung handelt, anheim. Die Bestätigung der Statuten untersteht dem Oberpräsidenten auch dann, wenn die Verleihung der Rechte einer juristischen Person an eine Schützengilde in Frage steht, jedoch darf in diesem Falle die Bestätigung nicht eher ausgesprochen werden, als bis die Königliche Ordre ergangen ist.

Die Frage, ob eine Schützengilde gemeinnütziger Natur ist, ist im Einzelfalle zu prüfen und hierbei zu beachten, daß es allein darauf ankommt, ob die Gilde nach den Lokalverhältnissen als gemeinnützig anzusehen ist, was in der Regel aus demselben Grunde zu bejahen sein wird, wie dies bei Ressourcen und ähnlichen Gesellschaften geschieht.[3])

Da die Schützengilden als kommunale Institute anzusehen sind, so ist das Aufsichtsrecht rücksichtlich der Korporationsverhältnisse von den Magistraten auszuüben, während die lokalpolizeiliche Aufsicht über die öffentlichen Versammlungen der Gilden, ihre Aufzüge und Festschießen, sowie überhaupt die polizeiliche Ueberwachung der Ortspolizeibehörde vorbehalten bleibt.[4])

---

[1]) Die Rechtsverhältnisse derselben sind im Anhang zur Darstellung gebracht.

[2]) Vgl. auch § 5 unter IV (Aufzüge) und § 14; ferner auch Anhang unter a.

[3]) Ministerialerlaß vom 10. Febr. 1864 (M. Bl. S. 40) und vom 1. Sept. 1864 (I B. 1397). — Einer Bestätigung der Statuten durch den Oberpräsidenten bedarf es nicht, wenn der Schützengilde nur der Charakter einer „Gesellschaft" und nicht die Eigenschaft einer längere Dauer verbürgenden „Anstalt" zukommt. Der Unterschied liegt darin, ob die Gilde ein bestimmtes „Immobilar" zum Substrat hat, oder ohne ein solches existiert. — Wenn ein Schützenverein ausweislich seiner Statuten im Wesentlichen Vergnügungszwecke verfolgt, sodaß der gemeinnützige Charakter bei ihm völlig in den Hintergrund tritt, ist die ortspolizeiliche Genehmigung der Statuten für ausreichend zu erachten.

[4]) Ministerialerlaß vom 21. Juli 1856 (I B. 17519).

3. Studentenvereine. Nach § 3 des Gesetzes vom 29. Mai 1879 (G. S. S. 389) bezw. § 44 des Ministerialerlasses vom 1. October 1879 (Centralbl. der Unterrichtsverwaltung S. 521) bedürfen „allgemeine Studentenversammlungen, Festlichkeiten und öffentliche Aufzüge, sowie öffentliche Ankündigungen von dergleichen der Genehmigung des Rectors." Studentenversammlungen unter freiem Himmel sowie öffentliche Aufzüge bedürfen nach §§ 9 und 10 des Vereinsgesetzes außerdem der Genehmigung der Ortspolizeibehörde.[1])

Versammlungen der Studirenden, selbst innerhalb des Universitätsgebäudes, falls sie öffentliche Angelegenheiten zu erörtern und zu berathen bestimmt sind, oder Studentenvereine, die eine Einwirkung auf öffentliche Angelegenheiten oder die Erörterung politischer Gegenstände in Versammlungen bezwecken, unterliegen ebenfalls dem Vereinsgesetz (§§ 1, 2 und 3), da in demselben bezüglich der Studirenden keine Ausnahme gemacht ist.[2])

4. Freimaurerlogen. Von den Freimaurerlogen sind nach dem Edikt vom 20. Okt. 1798 (G. S. 1816 S. 7) tolerirt die drei Mutterlogen: die Mutterloge zu den drei Weltkugeln, die große Landesloge, die Loge Royal York de l'amitié und die von ihnen gestifteten Töchterlogen. Der Beitritt ist erst nach vollendetem 25. Lebensjahre gestattet. Die Logen sind verbunden, der Polizei den Ort ihrer Zusammenkünfte anzuzeigen, auch dürfen sie an einem anderen als dem angezeigten Orte Zusammenkünfte nicht abhalten. Das in vorgedachtem Edikt enthaltene Verbot anderer Logen (§ 4) ist bereits durch die Verordnung, betr. einige Grundlagen der künftigen Verfassung vom 6. April 1848 (G. S. S. 87) „formell und ausdrücklich aufgehoben", weshalb „kein Verein mehr daran gehindert werden kann, die Zwecke des Freimaurerordens mit allen in diesem Orden hergebrachten Mitteln (soweit diese nicht gegen das Vereins- oder das Strafgesetz, insbesondere dessen § 128 verstoßen,) zu verfolgen und sich eine auf die Freimaurerei bezügliche Namensbezeichnung beizulegen." Denn die drei Großlogen, welche private, im einzelnen geheim gehaltene Zwecke verfolgen, und selbst die Einwirkung auf öffentliche Angelegenheiten bestreiten, sind lediglich Privatvereine und gehören nicht zu den publizistischen Institutionen, zu den öffentlichen Einrichtungen, deren regelmäßiges, ungehemmtes Funktioniren als die öffentliche Ordnung

---

[1]) Die Studenten sollen sich nach dem Ministerialerlaß vom 22. Febr. 1896 (Selbstverw. 1896 S. 477) zunächst an den Rector wenden, und hat die Polizeibehörde dem letzteren Nachricht zu geben.

[2]) Vgl. § 6 unten.

sich darstellt (O. V. G. 23. April 1893; Goltd. 41, 80). Die Stiftung neuer Logen ohne Mitwirkung und den Schutz einer Mutterloge verbietet sich aber ganz von selbst, wenn nicht die Ausschließung Uneingeweihter aufgegeben werden kann. (Vgl. Koch, Komm. z. A. L. R. zu § 22 II, 6.)

III. Verbotene Vereine:

1. Verbot der Theilnahme an geheimen Verbindungen.

Reichsstrafgesetzbuch § 128: „Die Theilnahme an einer Verbindung, deren Dasein, Verfassung oder Zweck vor der Staatsregierung geheim gehalten werden soll, oder in welcher gegen unbekannte Obere Gehorsam oder gegen bekannte Obere unbedingter Gehorsam versprochen wird, ist an den Mitgliedern mit Gefängniß bis zu 6 Monaten, an den Stiftern und Vorstehern der Verbindung mit Gefängniß von 1 Monat bis zu 1 Jahr zu bestrafen.

Gegen Beamte kann auf Verlust der Fähigkeit zur Bekleidung öffentlicher Aemter auf die Dauer von 1 bis 5 Jahren erkannt werden."

2. Verbot der Theilnahme an Verbindungen, welche die öffentliche Sicherheit bedrohen.

Reichsstrafgesetzbuch § 129: „Die Theilnahme an einer Verbindung, zu deren Zwecken oder Beschäftigungen gehört, Maßregeln der Verwaltung oder die Vollziehung von Gesetzen durch ungesetzliche Mittel zu verhindern oder zu entkräftigen, ist an den Mitgliedern mit Gefängniß bis zu 1 Jahr, an den Stiftern und Vorstehern der Verbindung mit Gefängniß von 3 Monaten bis zu 2 Jahren zu bestrafen.

3. Verbot des Jesuitenordens und der ihm verwandten Orden und ordensähnlichen Kongregationen.

Durch das Reichsgesetz vom 4./7. 1872 (R. G. Bl. S. 253) sind der Orden der Gesellschaft Jesu und die ihm verwandten Orden und ordensähnlichen Kongregationen vom Gebiet des deutschen Reiches ausgeschlossen [1]).

Durch den Bundesrathsbeschluß vom 20. Mai 1873 (R. G. Bl. S. 109) sind die Bestimmungen dieses Gesetzes ausgedehnt auf die Kongregation der Lazaristen (Congregatio Missionis) und auf die Gesellschaft vom heiligen Herzen Jesu (Société du sacré coeur de Jesus), dagegen finden sie nach dem Bundesrathsbeschlusse v. 18. Juli 1894 (R. G. Bl. S. 503) nicht mehr Anwendung auf die Kongregation der Redemptoristen (Congregatio Sacerdotum sub titulo Sanctissimi Redemptoris) sowie auf die Kongregation der Priester vom heiligen

---

[1]) Die Ausübung einer Ordensthätigkeit ist nach der Bekanntmachung des Reichskanzlers vom 5. Juli 1872 nicht gestattet. Oeffentliche religiöse Vorträge eines Jesuitenpaters stellen eine Ordensthätigkeit dar; die Landespolizeibehörde ist befugt, sie zu untersagen und mit Zwangsmitteln zu verhindern. (Urth. v. 8. Mai 1900; E. 37, 430.)

Geiste (Congregatio Sancti Spiritus sub tutela immaculati cordis Beatae Virginis Mariae).

4. Verbot der Verabredung von Arbeitseinstellungen rücksichtlich des Gesindes u. s. w.

Gesetz v. 24./4. 1854 (G. S. S. 214) § 3: „Gesinde, (Schiffsknechte,[1]) Dienstleute oder sonstige landwirthschaftliche Hand-Arbeiter, welche die Arbeitgeber oder die Obrigkeit zu gewissen Handlungen oder Zugeständnissen dadurch zu bestimmen suchen, daß sie die Einstellung der Arbeit oder die Verhinderung derselben bei einzelnen oder mehreren Arbeitgebern verabreden oder zu einer solchen Verabredung Andere auffordern, haben Gefängnißstrafe bis zu einem Jahre verwirkt."

Die Koalitionsverbote für Gewerbetreibende, deren Gehülfen, Gesellen und Fabrikarbeiter, welche die Preußische Gewerbeordnung vom 17. Januar 1845 enthielt, sind durch § 152 der Reichsgewerbeordnung aufgehoben, welcher bestimmt:

„Alle Verbote und Strafbestimmungen gegen Gewerbetreibende, gewerbliche Gehülfen, Gesellen und Fabrikarbeiter wegen Verabredungen und Vereinigungen zum Behufe der Erlangung günstiger Lohn- und Arbeitsbedingungen, insbesondere mittelst Einstellung der Arbeit oder Entlassung der Arbeiter, werden aufgehoben.

Jedem Theilnehmer steht der Rücktritt von solchen Vereinigungen und Verabredungen frei und es findet aus letzterem weder Klage noch Einrede statt."

Das Reichsgesetz gegen die gemeingefährlichen Bestrebungen der Sozialdemokratie vom 21. Oktober 1878 (R. G. Bl. S. 351) ist am 30. September 1890 außer Kraft getreten.

§ 4. Die privatrechtliche Stellung der Vereine.

In privatrechtlicher Beziehung zerfallen die Vereine in rechtsfähige und nicht rechtsfähige.

A. Sämmtliche im § 3 unter I und II aufgezählten Vereine können unter Umständen Rechtsfähigkeit erlangen. Die Rechtsfähigkeit besteht darin, daß der Verein, wie jeder einzelne Mensch, Rechte erwerben, Verpflichtungen eingehen, vor Gericht klagen und verklagt werden kann. Der Verein wird handlungsfähig durch seine Organe, denen die Stellung eines gesetzlichen Vertreters beigelegt ist.

Die Voraussetzungen für die Erlangung der Rechtsfähigkeit sind je nach dem Zwecke, den der Verein verfolgt, verschieden. In dieser Beziehung unterscheidet das B. G. B. zwei Arten von Vereinen:

1. Vereine mit sogen. idealen (gemeinnützigen, wohlthätigen, geselligen, wissenschaftlichen, künstlerischen, politischen und religiösen) Zwecken, also Vereine, deren Zweck nicht auf einen wirthschaftlichen Geschäftsbetrieb gerichtet sind (§ 21, B. G. B.).

---

[1]) Diese unterstehen jetzt der Reichs-Gewerbeordnung (§ 21 G. v. 15. 6. 95; R. G. Bl. S. 301).

2. Vereine, deren Zwecke auf einen wirthschaftlichen Geschäftsbetrieb gerichtet sind.

Die Vereine unter 1 erlangen Rechtsfähigkeit nur durch Eintragung in das Vereinsregister des zuständigen Amtsgerichts; diejenigen unter 2 durch staatliche Verleihung.[1]) Soweit jedoch für wirthschaftliche Vereine besondere reichsgesetzliche Vorschriften für die Erlangung der Rechtsfähigkeit vorhanden sind (Erwerbs- und Wirthschaftsgenossenschaften, Gesellschaften mit beschränkter Haftung, eingeschriebene Hülfskassen, Krankenkassen, Innungen, die handelsrechtlichen Vereinigungen, z. B. Actiengesellschaften u. s. w.) bleiben diese bestehen (§ 22 B. G. B.). Hinsichtlich der Wassergenossenschaften (Ges. vom 1. April 1879; G. S. S. 297), der Fischereigenossenschaften (§§ 9 und 10 des G. v. 30. Mai 1874; G. S. S. 197), der Waldgenossenschaften (G. v. 6. Juli 1875; G. S. S. 416) sind nach Art. 65, 69 und 83 Einf.-Gesetz zum B. G. B. die landesgesetzlichen Vorschriften maßgebend geblieben.

Ausländischen und zwar sowohl ideale wie wirthschaftliche Zwecke verfolgenden Vereinen kann Rechtsfähigkeit nur durch Beschluß des Bundesrathes verliehen werden (§ 23 B. G. B.). Für ausländische nach ausländischen Gesetzen rechtsfähige Vereine genügt Anerkennung der Rechtsfähigkeit durch den Bundesrath (Art. 10 E. G. z. B. G. B.).

Jeder rechtsfähige Verein muß eine Satzung (Statut) und einen Vorstand haben, neben welchem die Mitgliederversammlung als oberstes Willensorgan des Vereins fungirt.

Der Verlust der Rechtsfähigkeit eines Vereins tritt nach dem B. G. B. ein

1. durch die Eröffnung des Konkurses, der im Falle der Ueberschuldung durch den Vorstand zu beantragen ist (§ 42 B. G. B.).

2. durch Entziehung der Rechtsfähigkeit im Verwaltungsstreitverfahren[2]) (§ 43 B. G. B.).

Die Entziehung kann erfolgen:

a) wenn der Verein durch einen gesetzwidrigen Beschluß der

---

[1]) Dieselbe steht dem Bundesstaate zu, in dessen Gebiet der Verein seinen Sitz hat. In Preußen erfolgt sie durch die zuständigen Minister nach Art. I der Verordnung vom 16. November 1899 (G. S. S. 562).

[2]) Zuständig ist der Bezirksausschuß. Für die Erhebung der Klage ist der Landrath, in Stadtkreisen die Ortspolizeibehörde zuständig. (Art. 2 der Verordnung vom 16. Nov. 1899; G. S. S. 562.) Vor der Erhebung ist die Zustimmung des Regierungspräsidenten einzuholen. (Erlaß des Ministers des Innern v. 29. Dez. 1899; M. Bl. 1900, S. 9.) Hatte der Bundesrath die Rechtsfähigkeit verliehen, so erfolgt auch die Entziehung durch ihn.

Mitgliederversammlung oder durch gesetzwidriges Verhalten des Vorstandes das Gemeinwohl gefährdet;

b) wenn der Verein, dessen Zweck nach der Satzung nicht auf einen wirthschaftlichen Geschäftsbetrieb gerichtet ist, einen solchen Zweck verfolgt;

c) wenn der Verein einen politischen, sozialpolitischen oder religiösen Zweck verfolgt, obwohl er nach der Satzung einen solchen Zweck nicht hat;

d) wenn ein Verein, dessen Rechtsfähigkeit auf Verleihung beruht (sogen. konzessionirter Verein § 22 B. G. B.), einen anderen als den in der Satzung bestimmten Zweck verfolgt.

Für die Vereine mit sogen. idealen Zwecken gelten folgende Besonderheiten:

Der Vorstand hat den Verein, dessen Mitgliederzahl mindestens 7 betragen soll, bei dem Amtsgericht, in dessen Bezirk er seinen Sitz hat, unter Vorlegung der Satzung, die Zweck, Namen, Sitz und Eintragungswillen des Vereins enthalten muß, mittelst öffentlich beglaubigter Erklärung anzumelden. Ist die Anmeldung in Ordnung, so hat das Amtsgericht dieselbe der zuständigen Verwaltungsbehörde (in Preußen dem Landrath, in Städten der Ortspolizeibehörde)[1]) vorzulegen, die gegen die Eintragung binnen sechs Wochen Einspruch[2]) erheben kann:

1. wenn der Verein nach dem öffentlichen Vereinsrechte unerlaubt ist oder verboten werden kann;[3])

2. wenn der Verein satzungsgemäß einen politischen, sozialpolitischen oder religiösen Zweck verfolgt.[4])

Der Einspruch kann im Wege des Verwaltungsstreitverfahrens von Vereine angefochten werden, aber nur mit der Begründung, daß

---

[1]) Art. 3 der Verordn. v. 16. Nov. 1899 (G. S. S. 562).

[2]) Regelmäßig soll die Sache erst dem Regierungspräsidenten zur Entscheidung unterbreitet werden. (Erlaß des Ministers des Innern v. 29. Dez. 1899; M. Bl. 1900, S. 9.)

[3]) Vgl. § 3 unter III und § 6 B 5 und § 10. Die Verwaltungsbehörde hat auch ein Einspruchsrecht, um den Nachweis der Strafrechtswidrigkeit des in harmlosem Gewande auftretenden Vereins zu erbringen.

[4]) Hatte der Verein von Anfang an einen solchen Zweck und war trotzdem von der Verwaltungsbehörde gegen die Eintragung Einspruch nicht erhoben, so bildet die Aenderung der Richtung des Vereins keinen Grund für die Entziehung der Rechtsfähigkeit. Die Verwaltungsbehörde wird daher auch bei von Hause aus unschädlichen Vereinen mit den genannten Zwecken bei Unterlassung des Einspruchs gegen die Eintragung vorsichtig sein müssen. (Bornhak, Preuß. Verwaltungsrecht u. s. w. im Verwaltungsarchiv Bd. 8. S. 44.)

ein gesetzlicher Grund (§ 61 Abs. 2 B. G. B.) zur Erhebung des Einspruchs nicht vorliegt. Ueber die Rechtmäßigkeit (nicht auch über die Zweckmäßigkeit) des Einspruchs entscheidet der Bezirksausschuß (Art. 3 der Verordnung vom 16. Nov. 1899; G. S. S. 562), gegen dessen Entscheidung findet nach § 83 des Landesverwaltungsgesetzes die Berufung an das Oberwaltungsgericht statt. Da der Verein noch keine active Parteifähigkeit besitzt, so müssen als Kläger die einzelnen Vorstandsmitglieder, die die Klage unterschrieben haben, bezeichnet werden [1]). Nach endgültiger Erledigung des Einspruchs oder im Falle, daß er nicht erhoben wird, nach Ablauf von 6 Wochen, erfolgt die Eintragung des Vereins in das Vereinsregister (§ 63 B. G. B.). Mit diesem Zeitpunkt erhält der Name des Vereins den Zusatz: „eingetragener Verein".

Das Amtsgericht hat die Eintragung durch das für seine Bekanntmachungen bestimmte Blatt zu veröffentlichen (§ 66 Abs. 1 B. G. B.).

Die Urschrift der Satzung [2]) ist mit der Bescheinigung der Eintragung zu versehen und zurückzugeben. Die Abschrift wird von dem Amtsgericht beglaubigt und mit den übrigen Schriftstücken aufbewahrt (§ 66 Abs. 2 B. G. B.).

Jede Aenderung des Vorstandes sowie die erneute Bestellung eines Vorstandsmitgliedes ist vom Vorstande (d. h. sämmtlichen Mitgliedern desselben) zur Eintragung anzumelden und zwar unter Beifügung der Urkunde über die Aenderung u. s. w. (§ 67 B. G. B.) Dasselbe gilt von jeder Aenderung der Satzung. (§ 71 B. G. B.) Der Vorstand hat dem Amtsgericht auf dessen Verlangen jederzeit ein Verzeichniß der Vereinsmitglieder einzureichen. (§ 72 B. G. B.) Zu Erfüllung vorstehender Pflichten kann das Amtsgericht die Vorstandsmitglieder durch Ordnungsstrafen anhalten. (§ 78 B. G. B.) Die Einsicht des Vereinsregisters sowie der von den Vereinen bei dem Amtsgerichte eingereichten Schriftstücke ist Jedem gestattet. Von den Eintragungen kann eine Abschrift gefordert werden; die Abschrift ist auf Verlangen zu beglaubigen. (§ 79 B. G. B.) Sinkt die Zahl der Vereinsmitglieder unter drei herab, so hat das Amtsgericht auf Antrag des Vorstandes und wenn der Antrag nicht binnen drei Monaten gestellt wird, von Amtswegen nach Anhörung des Vorstandes dem Vereine die Rechtsfähigkeit durch Beschluß zu entziehen. [3]) (§ 73

---

[1]) O. V. G. vom 1. März 1901 (Preuß. Verwalt. Bl. XXII, 410).

[2]) Vgl. die entsprechenden Verpflichtungen in § 6 unter A.

[3]) Gegen den Beschluß findet sofortige Beschwerde beim Landgericht u. s. w. nach Maßgabe der Civilprozeßordnung statt. (§ 73 B. G. B.)

B. G. B.) Der Verlust der Rechtsfähigkeit tritt mit der Rechtskraft des Beschlusses ein.

B. Auf nicht rechtsfähige Vereine finden nach dem B. G. B. die Vorschriften über die Gesellschaft Anwendung (§§ 54, 705—740 B. G. B.). Sie können daher als solche weder Rechte erwerben noch Verbindlichkeiten eingehen. Aus einem Rechtsgeschäfte, das im Namen des nichtrechtsfähigen Vereins einem Dritten gegenüber vorgenommen wird, haftet der Handelnde persönlich; mehrere Handelnde haften als Gesammtschuldner. Diese Haftung tritt auch dann ein, wenn der Dritte den Mangel der Rechtsfähigkeit des Vereins kannte oder kennen mußte. Neben dieser Haftung steht aber die der einzelnen Mitglieder, die sämmtlich durch die von den geschäftsführenden Mitgliedern in den Grenzen ihrer Vertretungsmacht abgeschlossenen Rechtsgeschäfte verpflichtet werden.

Dem nicht rechtsfähigen Verein fehlt auch die active Parteifähigkeit im Civilprozesse. Wohl aber kann er im Civilprozesse verklagt werden und nimmt insofern die Stellung eines rechtsfähigen Vereins ein, sodaß das gegen den Verein ergangene Urtheil die Zwangsvollstreckung in das Vereinsvermögen ermöglicht (§§ 50 Abs. 2, 735 C. P. O.). Auf nicht anerkannte ausländische Vereine finden die Vorschriften über die nicht rechtsfähigen Vereine Anwendung (Art. 10 Einf. Ges. z. B. G. B.).

Ob ein Verein privatrechtliche Rechtsfähigkeit besitzt oder nicht, ist für seine Stellung im öffentlichen Recht bedeutungslos. Seine Pflichten gegenüber der Polizei u. s. w. sind in beiden Fällen ganz dieselben. Der Gesetzgeber hat im B. G. B. den Behörden lediglich die Befugniß eingeräumt, den „Machtzuwachs", der in der privatrechtlichen „Rechtsfähigkeit" besteht, die darin liegende Erleichterung und Bequemlichkeit für die Ordnung der Vermögensverhältnisse des Vereins den letzteren unter Umständen vorzuenthalten bezw. zu entziehen.

§ 5. Die Rechte und Pflichten der Vereine überhaupt in öffentlich-rechtlicher Beziehung.

I. Die Preuß. Verfassung bestimmt Art. 30:

„Alle Preußen haben das Recht, sich zu solchen Zwecken, welche den Strafgesetzen nicht zuwiderlaufen, in Gesellschaften zu vereinigen.

Das Gesetz regelt insbesondere zur Aufrechterhaltung der öffentlichen Sicherheit die Ausübung des in diesem und in dem vorstehenden Artikel (29) gewährleisteten Rechts.

Politische Vereine können Beschränkungen und vorübergehenden Verboten im Wege der Gesetzgebung unterworfen werden."

Art. 29:

„Alle Preußen sind berechtigt, sich ohne vorgängige obrigkeitliche Erlaubniß friedlich und ohne Waffen in geschlossenen Räumen zu versammeln.

Diese Bestimmung bezieht sich nicht auf Versammlungen unter freiem Himmel, welche auch in Bezug auf vorgängige obrigkeitliche Erlaubniß der Verfügung des Gesetzes unterworfen sind."

Die preußische Verfassung erkennt also im Prinzip das Versammlungs- und Vereinigungsrecht als staatsbürgerliches Recht an, gewährt es aber deshalb auch nur den Staatsbürgern d. h. den Preußen.

Durch Art. 3 der Reichsverfassung ist den Angehörigen aller deutschen Bundesstaaten in Preußen der Genuß der staatsbürgerlichen Rechte in demselben Umfange eingeräumt, wie den Preußen. Anders verhält es sich mit den Nicht-Reichsangehörigen. Caspar, S. 50, äußert sich über deren Stellung folgendermaßen: „Den Ausländern steht zwar die Befugniß zu, sich rein gesellig zu versammeln und zu rein geselligen Zwecken Vereine zu schließen, denn in dieser Hinsicht hat die Gesetzgebung nie Jemandem Beschränkungen auferlegt. Sobald aber der Zweck über den geselligen Verkehr hinaus sich auf allgemeine, öffentliche oder staatsbürgerliche Angelegenheiten richtet, ist den Ausländern das Recht der Association im Prinzip versagt. Das schließt nicht aus, daß ihnen dennoch im einzelnen Falle auf ihr Nachsuchen weitergehende Freiheit gewährt würde und zwar nach Analogie des Gesetzes durch die Ortspolizeibehärde. Es fehlt hierfür so gut an einer gesetzlichen Regelung, wie für die Frage, wie zu prozediren ist, wenn Ausländer sich ohne Genehmigung zu Versammlungen oder Vereinen zusammenschließen. Strafen sind nicht festgesetzt, dagegen wird der Polizei das Recht der Auflösung zustehen."

Versammlungen. Das Versammlungsrecht (also auch die Verfassung) findet auf die Versammlungen der societates im civilrechtlichen Sinne[1]) ebensowenig Anwendung wie auf Versammlungen zum Zwecke geselligen Umgangs. Bei den geselligen Versammlungen ist es ohne Einfluß, ob sie öffentliche sind oder nicht, ob sie in geschlossenen Räumen stattfinden. Sie unterliegen, abgesehen von öffentlichen Versammlungen unter freiem Himmel und öffentlichen Aufzügen,

---

[1]) Nach § 149 des Erwerbs- und Wirthschaftsgenossenschaftsgesetzes vom 1. 5. 1889 (R. G. Bl. 1899 S. 843) werden die Mitglieder des Vorstandes mit Geldstrafe bis zu 600 Mark bestraft, wenn sie in der Generalversammlung die Erörterung von Anträgen gestatten oder nicht hindern, welche auf öffentliche Angelegenheiten gerichtet sind, deren Erörterung unter die Gesetze über das Versammlungs- und Vereinsrecht fällt.

nie einer Aufsicht oder Einschränkung aus Grundsätzen des Vereinsrechts, dagegen sind sie den allgemeinen Gesetzen unterworfen. Ob eine Versammlung geselligem Verkehr dient, ist Thatfrage.

Vereine: Im Prinzip ist allen Preußen (jetzt allen Deutschen) das Recht eingeräumt, Vereine ohne besondere Genehmigung zu gründen, wenn deren Zweck den Strafgesetzen[1]) nicht zuwiderläuft. Eine Räuber- oder Falschmünzerbande kann keinen rechtlich anerkannten Verein bilden, da ihr Zweck einem staatlichen Verbotsgesetze widerstreitet. Selbst zu unerlaubtem Zwecke dürfen Vereine sich bilden, wenn der Zweck nur nicht mit Strafe bedroht ist. Darüber, wie mit Vereinen zu verfahren ist, die strafbare Zwecke verfolgen, enthalten die Gesetze nichts. Sofern ihre Thätigkeit nicht schon an sich den Thatbestand von strafbaren Handlungen erfüllt und somit rechtliche Folgen hat, wird die Polizei die Vereine am Zusammenkommen und Wirken hindern dürfen.

In der Auswahl der Mitglieder sind die Vereine nicht beschränkt, sie dürfen selbst Minderjährige und Ausländer, ja Personen, die nicht im Besitze der bürgerlichen Ehrenrechte sind, aufnehmen. Vgl. indeß § 6 B 4 (politische Vereine). Die vom Vereinsgesetz betroffenen Vereine (vgl. § 3 I) müssen aus physischen Personen bestehen, juristische, z. B. Gewerkschaften, können keinen Verein bilden. (O.V.G. 12. Febr. 01; Goltd. 48, 377.)

II. Beschränkungen bezüglich einzelner Personenkategorien.[1])

a) Militärpersonen.

Preuß. Verfassung, Art. 28: „Die bewaffnete Macht darf weder in noch außer dem Dienste berathschlagen oder sich anders, als auf Befehl versammeln. Versammlungen und Vereine der Landwehr zur Berathung militärischer Einrichtungen, Befehle und Anordnungen sind auch dann, wenn dieselbe nicht zusammenberufen ist, untersagt.“ [2])

Art. 39. „Auf das Heer finden die in den Art. 29 und 30 enthaltenen Bestimmungen nur insoweit Anwendung, als die militärischen Gesetze und Disziplinarvorschriften nicht entgegenstehen.“

Reichsmilitärgesetz v. 2./5., 1874 (R.G.Bl. S. 45) § 49, Abs. 2:

„Die Theilnahme an politischen Vereinen und Versammlungen ist den zum aktiven Heere gehörenden Militärpersonen untersagt.“

Außerdem bestimmen die §§ 101 und 113 des Militärstrafgesetzbuchs:

---

[1]) Vgl. § 3 III (Verein mit strafgesetzlich verbotener Organisation u. s. w.).

[2]) Zuwiderhandlungen werden nach § 22 des Vereinsgesetzes in Verbindung mit den §§ 92 und 93 des Militärstrafgesetzbuchs bestraft.

§ 101. „Wer unbefugt[1]) eine Versammlung von Personen des Soldatenstandes behufs Berathung über militärische Angelegenheiten oder Einrichtungen veranstaltet, oder wer zu einer gemeinsamen Vorstellung oder Beschwerde über solche Angelegenheiten oder Einrichtungen Unterschriften sammelt, wird mit Freiheitsstrafe bis zu drei Jahren bestraft; zugleich kann auf Dienstentlassung erkannt werden. Die an einer solchen Versammlung, Vorstellung oder Beschwerde Betheiligten werden mit Freiheitsstrafe bis zu sechs Monaten bestraft.

§ 113. „Eine Person des Beurlaubtenstandes wird, auch während sie sich nicht im Dienste befindet, nach den Vorschriften dieses Abschnitts bestraft, wenn sie dem § 101 zuwiderhandelt, ..."

b) **Beamte:**

Beamte sollen sich an Vereinen, welche statutenmäßig oder faktisch eine der Staatsregierung feindliche Tendenz verfolgen, eine systematische Opposition gegen dieselbe unterhalten, den bestehenden verfassungsmäßigen Zustand zu untergraben suchen, die Pflicht der Treue gegen den König gering achten und anstatt die Regierung zu unterstützen, ihr hemmend entgegenzutreten bemüht sind, nicht betheiligen (Zirkular-Erlaß v. 10./4. und 11./5. 50, Min. Bl. 1850 S. 96 ff. und 122 ff.).

Nur im Disciplinarwege wird die Nichtbefolgung des Erlasses seitens Beamter gerügt werden können. Gegen die Vereine, denen Beamte gegen die Vorschrift des Erlasses angehören, kann nichts veranlaßt werden, ebensowenig können die Beamten strafrechtlich oder wegen Uebertretung der Vereinsgesetze zur Verantwortung gezogen werden.

c) Frauenspersonen, Schüler und Lehrlinge.

Vgl. § 6 unter B (politische Vereine).

III. Aufhebung des Versammlungs- und Vereinsrechts.[2])

Die Preuß. Verf. (Art. 111) bestimmte:

„Für den Fall eines Krieges oder Aufruhrs können bei dringender Gefahr für die öffentliche Sicherheit die Artikel . . . 29, 30 der Verfassungsurkunde zeit- und distriktsweise außer Kraft gesetzt werden. Das Nähere bestimmt das Gesetz."

Das mangels eines Reichsgesetzes noch jetzt maßgebende preußische Gesetz vom 4. Juni 1851 (G. S. S. 451) läßt die Erklärung des Belagerungszustandes im § 1 zu für den Fall eines Krieges in den von dem Feinde bedrohten oder theilweise schon besetzten Provinzen,

---

[1]) Unbefugt heißt: „ohne höhere Genehmigung oder mit Verletzung gegebener Dienstvorschriften."

[2]) Vgl. auch Art. 68 der Reichsverfassung.

im § 2 für den Fall eines Aufruhrs, bei dringender Gefahr für die öffentliche Sicherheit sowohl in Kriegs- als in Friedenszeiten.

IV. Allgemeine Bestimmungen.

Das O. V. G. (Urth. v. 1. Oktober 1890, E. 20, 432) meint, daß der § 7 des Vereinsgesetzes, welche das Erscheinen in Waffen[1]), sofern diese nicht lediglich Schmuck- oder Uebungsgeräth sind (z. B. Galadegen, Paradeschläger der Studenten) verbietet, alle Versammlungen ohne jede Ausnahme trifft, da hier nur die bezügliche Verfassungsbestimmung reproduzirt werden solle (Stenogr. Bericht II. Kammer 1849/50 S. 2773). Schützenvereinen u. s. w. kann die Polizei das Erscheinen mit den üblichen Waffen bei den öffentlichen Aufzügen gestatten.

Die Versammlungen der Vereine in geschlossenen Räumen[1a]) unterliegen abgesehen von den Vereinen (Gruppe a § 3) einer Einschränkung oder Aufsicht aus Grundsätzen des Vereinsrechts nicht.

Alle öffentlichen[2]) Versammlungen unter freiem Himmel dagegen, welchen Zweck sie auch verfolgen mögen, bedürfen nach § 9 des Vereinsgesetzes der vorgängigen schriftlichen polizeilichen Genehmigung. Die Genehmigung ist von dem Unternehmer, Vorsteher, Ordner oder Leiter derselben mindestens 48 Stunden vor der Zusammenkunft nachzusuchen, und darf nur versagt werden, wenn aus Abhaltung der Versammlung Gefahr für die öffentliche Sicherheit oder Ordnung zu befürchten ist.[3])

Nicht öffentliche Versammlungen unter freiem Himmel, insofern sie Diskussion öffentlicher Angelegenheiten bezwecken, stehen den Versammlungen in geschlossenen Räumen zu demselben Behufe gleich (vgl. § 1); sie bedürfen nie einer Genehmigung und unterliegen nur der Anmeldepflicht.

Nicht öffentliche Versammlungen unter freiem Himmel, welche sich nicht mit öffentlichen Angelegenheiten beschäftigen, unterliegen nicht dem Vereinsgesetz.

Den öffentlichen Versammlungen unter freiem Himmel stehen gleich

---

[1]) Ausgenommen sind allein die im Dienst befindlichen Polizeibeamten.

[1a]) d. h. geschlossen nach allen 3 Dimensionen, nämlich in der Länge, Breite und Höhe (Dach). Ein Restaurationsgarten ist also kein geschlossener Raum.

[2]) Hier bedeutet „öffentlich" = „jedermann zugänglich."

[3]) Vgl. in dieser Beziehung O. V. G. v. 18. Okt. 1898 (M.-Bl. S. 28) u. O. V. G. 3. Okt. 1899 (Selbstv. 1900 S. 755).

die öffentlichen Aufzüge[1]) in Städten und Ortschaften oder auf öffentlichen Straßen. Bei Einholung der Genehmigung ist der beabsichtigte Weg anzugeben.

Der unter Voraustritt einer Musikbande durch mehrere Straßen oder Ortschaften sich bewegende Zug der Mitglieder eines Vereins ist als öffentlicher Aufzug zu betrachten (O. L. G. München v. 5. 9. 84, Samml. dess. Bd. 3 S. 208), auch wenn er Banner und Abzeichen nicht mit sich führt; gleichgültig ist auch, ob sich den Vereinsmitgliedern andere Personen angeschlossen haben (K. G. 25. Febr. 1895, a. a. O.); desgleichen Märsche von Turnern, weil sie geeignet sind, die öffentliche Aufmerksamkeit auf sich zu lenken. (L. G. I. Berlin v. 30. 6. 1885, Zeitschr. f. preuß. Recht Bd. 4 S. 592), endlich der gemeinsame Marsch einer freiwilligen Feuerwehr zum und vom Uebungsplatz, insbesondere auch dann, wenn er unter Musikbegleitung stattfindet. (O. L. G. München 18. Dez. 1888, Goltd. 38, 386.)

Auch Auffahrten und Reiterzüge können unter Umständen als „Aufzüge" angesehen werden. Ein Aufzug setzt begriffsmäßig nicht die Fortbewegung der Theilnehmer durch eigene Kraft voraus und es kommt nicht darauf an, ob die Theilnehmer gehen oder andere Mittel zur Fortbewegung z. B. Wagen und Pferde, Fahrräder oder ein Dampfschiff benutzen. (K. G. 27. April 1893, Goltd. 41, 74.)

Einer Anzeige oder Genehmigung der Ortspolizeibehörde bedürfen nicht:

a. Gewöhnliche Leichenbegängnisse;[2])

b. Züge der Hochzeitsversammlungen, wo diese hergebracht sind.

c. kirchliche Prozessionen,[3]) Wallfahrten und Bitt-

---

[1]) Hier bedeutet „öffentlich" „in der Oeffentlichkeit sich bewegend" oder „dieselbe beeinflussend" K. G. v. 25. Febr. 1895 (Goltd. 42, 443).

[2]) Ungewöhnlich wird ein Leichenbegängniß, wenn dabei eine über die Zwecke der Leichenbestattung hinausgehende Absicht verfolgt oder durch die besondere Art der Ausführung die öffentliche Ordnung gefährdet wird (O. V. G. v. 12. März 1897 E. 31, 418) z. B. wenn ein Musikkorps den Leichenzug begleitet, eine rothe Fahne bei demselben enthüllt wird oder von einem Laien eine Grabrede gehalten wird. Zu den „Laien" gehören aber nur die weltlichen Mitglieder einer Religionsgesellschaft, nicht auch ihre Geistlichen z. B. diejenigen einer Baptistengemeinde. Das Halten von Laienreden auf Kirchhöfen kann durch Polizeiverordnung verboten werden. (K. G. vom 21. Januar 1901; Johow 21. C 98.)

[3]) Auch gegenüber den gewöhnlichen Prozessionen kann die Polizei auf Grund anderer gesetzlicher Bestimmungen, z. B. im Interesse des Straßenverkehrs, einschreiten. O. V. G. 8. Oktober 1892 (E. 23, 409.)

gänge, wenn sie in der hergebrachten Art stattfinden.

Eine Ausdehnung der gesetzlichen Ausnahmen vom Erforderniß schriftlicher polizeilicher Genehmigung öffentlicher Aufzüge ist nicht statthaft. (O. T. 12. 9. 77, O. R. Bd. 18 S. 553 u. K. G. 5. 5. 81, Johow 2, 248.) Aufzüge von Innungen, Schützengilden und Studentenverbindungen sind nicht eximirt. Das Gleiche gilt von den Kriegervereinen, ausgenommen deren Trauerparaden.[1])

§ 11 des Vereinsgesetzes bestimmt:

„Innerhalb zweier Meilen[2]) von dem Orte der jedesmaligen Residenz[3]) des Königs, oder von dem Orte des Sitzes beider Kammern[4]) dürfen Volksversammlungen unter freiem Himmel von der Ortspolizeibehörde nicht gestattet werden. Das letztere Verbot besteht nur für die Dauer der Sitzungsperiode der Kammern."

Strafbestimmungen des Vereinsgesetzes:

§ 17: „Wer an einem Aufzuge oder an einer Versammlung unter freiem Himmel Theil nimmt, zu welcher die nach dem gegenwärtigen Gesetze erforderliche Genehmigung nicht ertheilt ist, wird mit einer Geldbuße von 1 bis 5 Thalern bestraft.

Wer zu einer solchen Versammlung oder zu einem solchen Aufzuge vor Eingang der obrigkeitlichen Erlaubniß auffordert oder auffordern läßt, oder darin als Ordner, Leiter oder Redner thätig ist, wird mit Geldbuße von 5 bis 50 Thalern oder mit Gefängniß von acht[5]) Tagen bis zu drei Monaten bestraft.

Diese Strafen sind jederzeit verwirkt, wenn die Versammlung oder der Aufzug in Städten und Ortschaften oder auf öffentlichen Wegen, oder wenn eine Volksversammlung in den Fällen des § 11 stattgefunden hat. In allen anderen Fällen sind die Theilnehmer und selbst diejenigen, welche als Redner aufgetreten sind, nur dann strafbar, wenn die Versagung der Genehmigung oder das nachträgliche Verbot vorher öffentlich oder den Theilnehmern besonders bekannt gemacht war. Wird die Nichtgenehmigung oder das Verbot während der Versammlung oder während des Aufzuges selbst bekannt gemacht, so kann sich wegen seiner späteren Betheiligung Niemand mit Unkenntniß der Nichtgenehmigung oder des Verbotes entschuldigen."

§ 18. „Wer gegen das Verbot des § 7 in einer Versammlung bewaffnet erscheint, wird mit Gefängniß von 14 Tagen bis zu sechs Monaten bestraft."

§ 19. „Wer auffordert, in einer Versammlung mit Waffen zu erscheinen oder die Aufforderung hierzu verbreiten läßt, oder in einer Versammlung Waffen austheilt, wird mit Gefängniß von sechs Wochen bis zu einem Jahre bestraft."

---

[1]) Vgl. Anhang unter a.
[2]) Preuß. Meile = 7532,48 Meter.
[3]) Residenz bedeutet: Aufenthaltsort, auch nur der vorübergehende.
[4]) Jetzt auch des Reichstages.
[5]) Jetzt sieben Tage. (Delius, S. 104 Anm. 2.)

§ 6. Die öffentlich-rechtlichen Pflichten bestimmter Vereine nach dem preuß. Vereinsgesetze.

Wir haben uns hier nur mit der Gruppe a der im § 3 erwähnten Vereine zu beschäftigen.

I. Die Pflichten sind dieselben a) für die Vereine, welche lediglich eine Einwirkung auf öffentliche Angelegenheiten bezwecken (vgl. § 3 I 1), b) für kirchliche und religiöse Vereine, welche keine Korporationsrechte haben (vgl. § 3 I, 2).[1]) c) für Vereine, welche bezwecken, politische Gegenstände nicht in Versammlungen zu erörtern (vgl. § 3 I 3b) und d) Wahlvereine (vgl. § 3 I 3c).

II. Noch weitere Pflichten haben diejenigen Vereine, welche bezwecken, politische Gegenstände in Versammlungen zu erörtern (politische Vereine im engeren Sinne; vgl. § 3 I 3a). Von diesen wird unter B die Rede sein.

A. Pflichten der Vereine unter I.

1. Anmeldung der Gründung des Vereins, Einreichung der Statuten und des Mitgliederverzeichnisses, Auskunftspflicht der Vereinsvorsteher.

Die Vorsteher[2]) der dem Vereinsgesetz unterstehenden Vereine sind verpflichtet, die Statuten des Vereins und das Verzeichniß der Mitglieder binnen 3 Tagen nach Stiftung des Vereins und jede Aenderung der Statuten (auch die geringfügigste) oder der Vereinsmitglieder binnen 3 Tagen, nachdem sie eingetreten ist, der Orts-

---

[1]) Soweit der Unterricht in der Religion Bestandtheil der gemeinsamen Religionsübung ist, bildet dessen Regelung nicht einen Theil der staatlichen Ordnung des Unterrichtswesens, sondern einen Theil der inneren Ordnung der Kirchen und sonstigen Religionsgesellschaften, welcher durch Art. 12 Preuß. Verfassung geschützt ist. Es kann demgemäß gegen nicht mit Korporationsrechten versehene Religionsgesellschaften nicht über die im Vereinsgesetze gezogenen Schranken hinaus präventiv, um sie zu hindern, Religionsunterricht als Theil der gemeinsamen Religionsübung an Erwachsene wie an Kinder ertheilen zu lassen, eingeschritten werden; repressiv ist wegen des Inhalts solcher Unterweisungen — abgesehen von den Fällen einer nach § 5 des Vereinsgesetzes zulässigen Auflösung der Versammlung — nur auf Grund der bestehenden Verbots- und Strafgesetze ein Einschreiten zulässig. (O. V. G. v. 21. Nov. 1891, E. 22, 396.)

[2]) Auch die nur provisorisch gewählten (Obertrib. v. 5. 4. 76; Goltd. 24, 392). Alle Mitglieder des Vorstandes sind verpflichtet; es ist gleichgültig, wie die Geschäfte zwischen ihnen vertheilt sind. (K. G. v. 30. Juni 1892 b. Groschuff, S. 51.) Für die Frage, wer zum Vorstande gehört, sind nicht die Statuten maßgebend, sondern die obwaltenden thatsächlichen Verhältnisse. (K. G. v. 24. Jan. 1898; Goltd. 46, 66.)

polizeibehörde[1]) zur Kenntnißnahme einzureichen, derselben auch auf Erfordern jede darauf bezügliche Auskunft zu ertheilen (§ 2 des Vereinsgesetzes). Statuten, Mitgliederverzeichnisse und Abänderungen derselben, sind in deutscher Sprache einzureichen, dasselbe gilt von der Auskunftsertheilung.[2]) Die Ortspolizeibehörde hat über die erfolgte Einreichung der Statuten und der Verzeichnisse oder der Abänderungen derselben, sofort eine Bescheinigung zu ertheilen.[3])

Wenn auch jeder Verein Statuten haben und vorlegen soll, so ist doch die Existenz des Vereins rechtlich nicht von dem Vorhandensein von Statuten bedingt. Die Entwerfung der Statuten ist dem eigenen Gutdünken des Vereins überlassen. Sind keine Statuten vorhanden, so kann die Polizei die Vorlegung derselben nicht erzwingen. Die Vorsteher machen sich durch die Nichteinreichung der Statuten diesfalls nicht strafbar, denn Unmögliches kann von ihnen nicht verlangt werden. Statuten sind der Ausdruck des Willens aller Mitglieder, für einen Zwang, diesen Willen in urkundlicher Form niederzulegen, bieten die Gesetze keine Handhabe; der Vorsteher kann auch nicht gegen die Mitglieder auf schriftliche Festlegung ihres Willens klagen, seine Macht findet in dem Willen der Mehrheit, welche schriftliche Statuten nicht will, ihre Grenze. (O. V. G. 19. Oct. 1900; Goltd. 48, 471.) Das Mitgliederverzeichniß braucht nicht im Original eingereicht zu werden, sondern es genügt eine Abschrift. Strafbar machen sich die Vorsteher nur, wenn die eingereichte Abschrift unrichtig oder unvollständig ist.[4]) In das Mitgliederverzeichniß ist der Vor- und Zuname des Mitglieds, der Stand, der Wohnort, und in größeren Städten die Wohnung derselben aufzunehmen. Die Vorsteher sind aber nur zur Anzeige des wirklichen (richtigen) Namens der Vereinsmitglieder, nicht seiner deutschen Uebersetzung, verpflichtet;

---

[1]) Unter Ortspolizeibehörde ist nur diejenige am Orte des Vereinssitzes zu verstehen, nicht auch diejenige des Ortes, wo Vereinsmitglieder wohnen oder einer der Vorsteher eine Versammlung, sei es eine ordnungsmäßig angemeldete öffentliche oder eine solche von Mitgliedern des Vereins veranstaltet, sofern nicht an dem betreffenden Orte sich ein besonderer Verein formell oder thatsächlich gebildet hat. (O. V. G. v. 26. Januar 1897; E. 31, 412.)

[2]) Vgl. O. V. G. v. 26. Sept. 1876 (E. I, 335) und Obertrib. v. 9. Februar 1876 (Goltd. 24, 65). Nach O. V. G. v. 26. Mai 1897 (Selbstverw. 1897 S. 614) soll die Einreichung der Statuten in nicht deutscher z. B. polnischer Sprache genügen und die Polizei nicht berechtigt sein, eine deutsche Uebersetzung zu verlangen.

[3]) Hierauf haben die Vorsteher einen im Verwaltungsstreitverfahren verfolgbaren Rechtsanspruch. O. V. G. v. 21. Nov. 1891 (E. 22, 396).

[4]) K. G. v. 10. Oct. 98; D. J. Z. 1899, S. 90.

auch kann die Beibringung standesamtlicher Urkunden von der Polizei nicht gefordert werden.[1]) Auch das Ausscheiden eines Mitgliedes durch den Tod ist eine Aenderung der Mitglieder.[2])

Da die Vorsteher die Gründung des Vereins anmelden müssen, so erfährt die Polizei damit zugleich deren Namen. Aber auch die neu gewählten Vorstandsmitglieder sind anzumelden. Eine andere Auffassung vertritt das Kammergericht (Urth. v. 16. Oct. 1899; Johow 19, 296): „Eine Aenderung im Vorstande ist keine Aenderung der Mitglieder, braucht also nicht angemeldet zu werden. Wünscht jedoch die Polizei Auskunft über die derzeitige Zusammensetzung des Vorstandes, so haben die Vorsteher dem zu entsprechen." Neuerdings ist das Kammergericht (nach Zeitungsnachrichten) noch weiter gegangen und hat angenommen, daß die Polizei auch nicht berechtigt sei, die Mittheilung der Namen der neugewählten Vorstandsmitglieder zu erfordern, denn das Vereinsgesetz biete hierzu keine Hülfe, die Auskunftspflicht erstrecke sich nur auf eine Aenderung der Statuten oder des Mitgliederverzeichnisses.

Die Polizei ist nicht berechtigt, den Vorstehern die Ausfüllung eines Verzeichnisses nach einem bestimmten Schema aufzugeben, da es sich hier nicht um die Erlangung genauer Auskunft über die Persönlichkeit der Vereinsmitglieder, als darum handelt, der Polizei ihren Geschäftsbetrieb zu erleichtern.[3])

Maßgebend für die Berechnung des Beginns der Verpflichtung zur Einreichung der Statuten und des Mitgliederverzeichnisses binnen 3 Tagen[4]) ist der Zeitpunkt an welchem das Statut eines eine Einwirkung auf öffentliche Angelegenheiten bezweckenden Vereins errichtet ist. Wenn sich ein bisher geselliger Verein in einen Verein gemäß § 2 a. a. O. umwandelt, so entsteht mit dieser Umwandlung, welche sich

---

[1]) K. G. v. 17. Oct. 01; Johow 22 C. 112.

[2]) K. G. v. 1. Dez. 92 bei Groschuff, S. 52 Anm. 9.

[3]) K. G. nach Zeitungsnachrichten.

[4]) Die dreitägige Frist wird übrigens nicht naturaliter, d. h. a momento ad momentum, sondern civiliter berechnet. Der Tag der Errichtung des Statuts bezw. der Aufnahme oder des Austritts von Mitgliedern oder der Veränderung des Statuts wird nicht mitgerechnet und kann die Meldung den darauf folgenden ganzen dritten Tag noch geschehen. Sonn- und Feiertage werden mitgerechnet. Ist der dritte Tag ein Sonn- oder allgemeiner Feiertag, so läuft die Frist am folgenden Werktag ab. And. Meinung Groschuff, S. 51 Anm. 8, der auch an einem Sonn- und Feiertage die Frist ablaufen läßt und dies daraus folgert, daß die vorgeschriebene Einreichung, ebenso wie die Anzeige einer Versammlung auch außerhalb der Dienststunden erfolgen könne, und die Vorschrift des § 43 Abs. 2 St. P. O. nur für das Prozeßverfahren gegeben sei.

als eine Neugründung (Stiftung) darstellt, die obige Verpflichtung. Daß der Verein bis zum dritten Tage nach der „Stiftung“ sich jeder Einwirkung auf öffentliche Angelegenheiten enthalten hat, ist unerheblich. (K. G. 11. Januar 1897, D. J. Z. 1897, S. 226.)

Früher vertrat das Kammergericht folgende Ansicht: „Die im § 2 ausgesprochene Verpflichtung (Einreichung der Statuten u. s. w.) ist nur denjenigen Vorstehern auferlegt, die zur Zeit der Stiftung des Vereins dieses Amt bekleiden. Mit dem Ablaufe der dreitägigen Frist ist die Strafthat vollendet, so daß eine spätere Einreichung der Statuten u. s. w. die Vorsteher nicht mehr befreit, mithin auch eine nach Fristablauf fortgesetzte Unterlassung der Einreichung sich nicht mehr als eine neue strafbare Handlung darstellt. Eine Fortdauer der Verpflichtung über die dreitägige Frist hinaus ist im Gesetze nicht vorgesehen. Die später gewählten Vorsteher sind für die Unterlassung ihrer Amtsvorgänger nicht verantwortlich (Urtheil 4. Juni bezw. 8. October 1896; D. J. Z. 1897, S. 23 und 217).“

Diese Ansicht ist in dem Urtheil vom 31. October 1898 (Goltd. 46; 384) modifizirt. Es ist nunmehr zu unterscheiden, ob die in Anspruch genommenen Personen bei Stiftung des Vereins und während der drei ersten Tage nach derselben Vorsteher waren oder erst später geworden sind. Im ersteren Falle dauert die Verpflichtung zur Einreichung des Verzeichnisses solange fort, bis sie erfüllt ist oder die Erfüllung derselben unmöglich geworden ist, z. B. durch Ausscheiden der betreffenden Personen aus dem Vorstande. Auf diejenigen Personen, welche erst nach Ablauf der dreitägigen Frist in den Vorstand eintreten, kann die Verpflichtung zur Einreichung des Verzeichnisses nicht ausgedehnt werden, weil im § 2 a. a. O. dies nicht vorgeschrieben und eine ausdehnende Interpretation des Strafgesetzes unzulässig ist.[1])

Das Kammergericht (3. Oct. 95, Selbstverw. 1895 S. 747) nimmt an, daß bei der Uebernahme des Vorstandsamtes für das Vorstandsmitglied keine Verpflichtung besteht zu prüfen, ob der Vorschrift des § 2 genügt ist. Das ist nicht zutreffend. Ist die dreitägige Frist noch nicht abgelaufen, so hat es die Mittheilung an die Polizeibehörde zu machen und macht sich strafbar, sofern es bei ordnungsmäßiger Erfüllung seiner Pflicht die Anmeldung noch vor Fristablauf

---

[1]) Es kann hiernach der Fall eintreten, daß die Einreichung der Statuten u. s. w. nicht erzwungen werden kann, weil es an einem verpflichteten Vorstandsmitgliede fehlt. Hier tritt die Auskunftspflicht, welcher die Vorstandsmitglieder jederzeit unterliegen, ergänzend ein. (Vgl. auch Erlaß des Ministers des Innern vom 5. Aug. 1899; Selbstv. S. 700.)

bewirken konnte. Die alten Vorstandsmitglieder bleiben straffrei, wenn bei ihrem Abgang die dreitägige Frist noch lief.

Die Vorsteher haben ferner die Pflicht zur Auskunftsertheilung. Bei der Berathung der I. Kammer[1]) wurde als selbstverständlich hervorgehoben, daß eine von der Polizei erforderte Auskunft sich immer nur auf die Fälle des § 2 des Vereinsgesetzes zu beziehen habe, also immer mit dem Vereine und seinem Zwecke in Verbindung stehen müsse. Vorweg ist zu bemerken, daß das Recht der Polizei, Auskunft zu verlangen, sich weder auf allgemein bekannte Thatsachen noch auf solche Thatsachen bezieht, welche aus den Standesregistern oder sonstigen öffentlichen Registern, z. B. dem Vereinsregister, ersichtlich sind.[3])

Die Verwaltungsbehörden[2]) vertreten die Auffassung, daß die Polizeibehörde jederzeit befugt sei, die Einreichung eines Mitgliederverzeichnisses und der Statuten nach dem jeweiligen Stande fordern zu können, mindestens aber Auskunft darüber, wie der gegenwärtige Stand der Mitglieder sich zusammensetze bezw. wie die Statuten zur Zeit beschaffen seien. Das Kammergericht steht auf dem entgegengesetzten Standpunkt und führt aus: „Der Zweck der Vorschrift des § 2 ist der, daß die Polizei zur Erleichterung der Kontrolle über die Zahl und die Persönlichkeit der Vereinsmitglieder in Kenntniß gesetzt wird. Dieser Zweck wird durch die Einreichung des Mitgliederverzeichnisses erreicht. Die Bestimmung des § 2, nach welcher die Vorsteher jede darauf bezügliche Auskunft ertheilen müssen, ist hier nicht anwendbar, denn die Verpflichtung zur Einreichung des Mitgliederverzeichnisses bildet im Gesetz einen Gegensatz zur Auskunftsertheilung.“[4])

Das Richtige dürfte folgendes sein. Zu einer nochmaligen Einforderung der Statuten u. s. w. ist die Polizei nicht befugt.[5]) Sie ist im Besitz der ursprünglichen Statuten und des Mitgliederverzeichnisses.[6]) Da jede eingetretene Aenderung ihr mitgeteilt werden muß, so erscheint sie auch berechtigt, falls dies nicht schon freiwillig

---

[1]) Verhandl. Bd. 5, S. 2876.

[2]) Rescript des Ministers des Innern vom 5. Aug. 1899. (Selbstverw. S. 700).

[3]) K. G. v. 17. Oct. 01. (Johow 22, C 112) u. O.V.G. (E 37, 427.)

[4]) K. G. v. 10. Oct. 1898; D. J. Z. 1899 S. 20.

[5]) Auch das K. G. (nach Zeitungsberichten) erkennt an, daß die Polizei nicht berechtigt ist, wieder und wieder das Mitgliederverzeichniß zu fordern.

[6]) Ist kein zweites Exemplar mit eingereicht, so kann die Polizei Abschrift anfertigen lassen, aber auf ihre Kosten.

geschehen sein sollte, Auskunft über die etwa eingetretenen Veränderungen zu beanspruchen. Aus einem Zusammenhalten des alten Verzeichnisses mit der Auskunft über die eingetretenen Veränderungen kann dann die Polizeibehörde den augenblicklichen Bestand entnehmen. Auf dem diesseitigen Standpunkt steht auch ein neueres Urtheil des Kammergerichts:

„Erfordert die Polizeibehörde, weil seit Bestehen des Vereins wohl die eingetretenen Mitglieder zur Anmeldung, nicht aber die ausgeschiedenen und abgereisten zur Abmeldung gebracht seien, Auskunft über die inzwischen eingetretene Veränderung der Vereinsmitglieder, so haben die Vorsteher des Vereins dem zu entsprechen" (Urtheil vom 14. November 1898; Goltd. 46, 383).

Die Auskunftsertheilung dient dazu, etwaige Lücken der Statuten und des Mitgliederverzeichnisses auszufüllen. Die Polizei ist z. B. berechtigt, von dem Vorstande Auskunft über die Wohnungen derselben zu verlangen. Es genügt aber die Erklärung, daß die Wohnungen unbekannt seien, sofern dies der Wahrheit entspricht. Es kann dem Vorstande nicht zugemuthet werden, Ermittelungen anzustellen lediglich, um die von der Polizei erforderte Auskunft ertheilen zu können. Auch fällt dem Vorstande keine strafbare Fahrlässigkeit zur Last, weil er beim Eintritt der Mitglieder in den Verein sich nach der Wohnung derselben zu erkundigen unterlassen hat.[1]) Auch über das Lebensalter, Tag des Austritts oder Eintritts u. s. w. kann die Polizei Auskunft verlangen.

Vorlegung von **Urkunden** über die Gründung des Vereins oder dessen Thätigkeit, insbesondere von Protokollen, kann die Polizeibehörde nicht verlangen.[2]) Einsicht in die **Vereinspapiere** kann sie nur beim Vorliegen des Verdachts einer strafbaren Handlung durch Beschlagnahme gemäß §§ 94 ff. St. P. O. durchsetzen.

Die **Strafbestimmung** des § 13 Vereinsgesetzes lautet

„Wenn der Vorschrift des § 2 entgegen, die Statuten eines Vereins oder das Verzeichniß der Mitglieder, oder die eingetretenen Aenderungen in der bestimmten Frist zur Kenntniß der Ortspolizeibehörde nicht gebracht worden sind, oder wenn eine von der Ortspolizeibehörde erforderte Auskunft nicht ertheilt worden ist, so wird jeder Vorsteher des Vereins mit Geldbuße von 5 bis 50 Thalern bestraft, insofern er nicht nachweisen kann, daß die Anzeige oder die Einreichung des Verzeichnisses ganz ohne sein Verschulden unterblieben ist.

---

[1]) K. G. v. 11. Nov. 1897, D. J. Z. 1898 S. 120.

[2]) K. G. v. 10. Oct. 1898, D. J. Z. 1899 S. 20.

Dieser Strafe tritt eine Gefängnißstrafe[1]) von 8[2]) Tagen bis 6 Wochen hinzu, wenn die Vorsteher wissentlich unrichtige Auskunft ertheilt haben."

2) Anzeigepflicht für Versammlungen des Vereins.

Nicht alle Versammlungen des Vereins, sondern nur diejenigen, in denen öffentliche Angelegenheiten erörtert werden sollen, bedürfen der Anmeldung bei der Ortspolizeibehörde nach Maßgabe des § 1 des Vereinsgesetzes.[3])

§ 1 bestimmt:

„Von allen Versammlungen, in welchen öffentliche Angelegenheiten erörtert oder berathen werden sollen, hat der Unternehmer mindestens 24 Stunden vor dem Beginn der Versammlung, unter Angabe des Ortes und der Zeit derselben, Anzeige bei der Ortspolizeibehörde zu machen. Diese Behörde hat darüber sofort eine Bescheinigung zu ertheilen.

Beginnt die Versammlung nicht spätestens eine Stunde nach der in der Anzeige angegebenen Zeit, so ist die später beginnende Versammlung als vorschriftsmäßig angezeigt nicht anzusehen. Dasselbe gilt, wenn eine Versammlung die länger als eine Stunde ausgesetzten Verhandlungen wieder aufnimmt."

Die Strafbestimmung enthält § 12:

„Wenn eine Versammlung ohne die in § 1 vorgeschriebene Anzeige stattgefunden hat, so trifft den Unternehmer eine Geldbuße von 5 bis 50 Thalern oder Gefängnißstrafe[4]) von 8[5]) Tagen bis zu 6 Wochen.

Derjenige, welcher den Platz eingeräumt hat, und Jeder, welcher in der Versammlung als Vorsteher, Ordner, Leiter oder Redner aufgetreten ist, hat eine Geldbuße von 5 bis 50 Thalern verwirkt."

Einer besonderen Anzeige bedürfen solche Versammlungen nicht, für welche Zeit und Ort statutenmäßig oder durch einen besondern Beschluß im Voraus feststeht und dieser wenigstens 24 Stunden vor der ersten Versammlung zur Kenntniß der Ortspolizeibehörde gebracht ist (§ 3 a. a. O.). Eine solche Vereinsversammlung verliert ihren Charakter dadurch nicht, daß Nichtmitglieder als Gäste Zutritt haben oder daß Redner auftreten, die nicht zum Verein gehören.[6]) Nur darf nicht jeder Beliebige Zutritt haben, sodaß die Versammlung eine öffentliche wird.

Uebrigens bedürfen nur Versammlungen d. h. Zusammenkünfte, zu welchen sämmtliche Mitglieder des Vereins geladen werden

---

[1]) Jetzt Haftstrafe (Delius, S. 104 Anm. 2.)

[2]) Jetzt 7 Tage (Delius, S. 104 Anm. 2.)

[3]) K. G. (welches früher anderer Ansicht war) v. 11. Juni 96; D. J. Z. 1897 S. 43 und O. V. G. (E. 23, 399.)

[4]) Jetzt Haft (Delius, S. 104 Anm. 2.)

[5]) Jetzt 7 Tage (Delius, S. 104 Anm. 2.)

[6]) Obertrib. 30. Nov. 77, Oppenhoff Rechtspr. 18, 761 und K. G. v. 19. Sept. 92 bei Groschuff, S. 53.

und Zutritt haben, der Anmeldung. Sitzungen, insbesondere Zusammenkünfte der Vereinsorgane, auch wenn darin das künftige Verhalten des Vereins und damit öffentliche Angelegenheiten besprochen werden sollen, sind nicht anmeldepflichtig. Die Sitzung des Ausschusses eines Vereins ist keine Vereinsversammlung, sondern die Zusammenkunft der Mitglieder eines Organs des Vereins.[1])

3) **Ueberwachungsrecht der Polizeibehörden bezüglich der Versammlungen.**

§ 4. Das Vereinsgesetz bestimmt:

„Die Ortspolizeibehörde ist befugt, in jede Versammlung,[2]) in welcher öffentliche Angelegenheiten erörtert oder berathen werden sollen, einen oder zwei Polizeibeamte oder eine oder zwei andere Personen als Abgeordnete zu senden.

Die Abgeordneten dürfen, wenn sie Polizeibeamte sind, nur in ihrer Dienstkleidung oder unter ausdrücklicher Kundgebung ihrer dienstlichen Eigenschaft erscheinen. Sind sie keine Polizeibeamte, so müssen sie durch besondere Abzeichen erkennbar sein.

Den Abgeordneten muß ein angemessener Platz eingeräumt, ihnen auch auf Erfordern durch den Vorsitzenden Auskunft über die Person der Redner gegeben werden."

4) **Auflösungsbefugniß der Polizei bezüglich der Versammlungen.**

§ 5 des Vereinsgesetzes:

„Die Abgeordneten der Polizeibehörde sind, vorbehaltlich des gegen die Betheiligten gesetzlich einzuleitenden Strafverfahrens befugt, sofort jede Versammlung aufzulösen,[3]) bezüglich deren die Bescheinigung der erfolgten Anzeige

---

[1]) K. G. v. 14. Juli 1899 (D. J. Z. 1899, S. 66); O. V. G. 1. Oct. 1890 (E. 20, 441); R. G. 10. Nov. 1896 (E. in Straff. 29, 167).

[2]) Die polizeiliche Ueberwachung eines von Mitgliedern eines Sparkassenvereins veranstalteten Festessens ist zulässig, falls dieser Verein eine Einwirkung auf öffentliche Angelegenheiten bezweckt. (O. V. G. 2. März 00; Preuß. Verw. Bl. XXII. 44.)

[3]) Der überwachende Polizeibeamte ist ferner befugt, auf Grund des § 10 II, 17 A. L. R. im Interesse der Erhaltung der öffentlichen Ruhe, Sicherheit und Ordnung und zur Abwendung der dem Publikum oder einzelnen Mitgliedern desselben bevorstehenden Gefahr eine Versammlung aufzulösen. Voraussetzung ist indeß hierbei, daß während des Verlaufs der Versammlung bestimmte Thatsachen, welche die Annahme einer unmittelbaren Gefährdung der öffentlichen Sicherheit oder Ordnung wahrscheinlich machen, in die Erscheinung getreten sind (O. V. G. E. 21, 408.) — Auflösung ist auch wegen Gebrauchs einer fremden Sprache zulässig, anderer Ansicht O. V. G. v. 26. Sept. 1876 (E. I, 347). Nach O. V. G. v. 5. Oct. 97 (E. 32, 396) soll die Auflösung zulässig sein, wenn durch den Gebrauch der fremden Sprache lediglich die Vereitelung der polizeilichen Ueberwachung bezweckt wird. Wegen Auflösung im gesundheits- und baupolizeilichen Interesse vgl. §§ 9 u. 11. Wegen Auflösung der Versammlungen politischer Vereine vgl. unten unter B.

(§§ 1 und 2) nicht vorgelegt werden kann. Ein gleiches gilt, wenn in der Versammlung Anträge oder Vorschläge erörtert werden, die eine Aufforderung oder Anreizung zu strafbaren Handlungen enthalten; oder wenn in der Versammlung Bewaffnete erscheinen, die der Aufforderung des Abgeordneten der Obrigkeit entgegen, nicht entfernt werden."

§ 6 a. a. O.

Sobald ein Abgeordneter der Polizeibehörde die Versammlung für aufgelöst erklärt hat, sind alle Anwesenden verpflichtet, sich sofort zu entfernen. Diese Erklärung kann nöthigenfalls durch die bewaffnete Macht zur Ausführung gebracht werden."

Die Polizeibehörden sind übrigens vom Minister des Innern angewiesen, die Ueberwachung der Versammlungen der Dissidenten nur auf das Nothwendigste zu beschränken, insbesondere sollen Polizeibeamte nicht berechtigt sein, solche Versammlungen aufzulösen.[1] (Vgl. v. Roenne Staatsrecht, Bd. 2 S. 159.)

Die Strafbestimmungen des Vereinsgesetzes lauten:

§ 14: „Wenn in einer Versammlung der Vorschrift des § 4 entgegen den Abgeordneten der Ortspolizeibehörde der Zutritt oder die Einräumung eines angemessenen Platzes verweigert worden ist, so trifft den Unternehmer und Jeden, welcher in der Versammlung als Vorsteher, Ordner oder Leiter aufgetreten ist, Geldbuße von 10 bis 100 Thalern oder Gefängniß von 14 Tagen bis zu 6 Monaten. Dieselbe Strafe hat der Vorsitzende verwirkt, wenn er sich weigert, den Abgeordneten der Polizeibehörde Auskunft über die Person des Redners zu geben, oder wenn er wissentlich unrichtige Auskunft ertheilt."

§ 15: „Wer sich nicht sofort entfernt, nachdem der Abgeordnete der Ortspolizeibehörde die Versammlung für aufgelöst erklärt hat (§§ 5, 6, 8), wird mit Geldbuße von 5 bis 50 Thalern oder mit Gefängniß von 8[2] Tagen bis zu 3 Monaten bestraft."

B. Pflichten der politischen Vereine. Dieselben haben zunächst ganz dieselben Pflichten wie die Vereine unter A.

1. Begriff des politischen Vereins:

Politische Vereine d. h. solche, welche bezwecken, politische Gegenstände in Versammlungen zu erörtern (§ 8).

§ 8 des Vereinsgesetzes bestimmt:

Abs. 1: „Für Vereine, welche bezwecken, politische Gegenstände in Versammlungen zu erörtern, gelten . . . . nachstehende Beschränkungen: a) sie

---

[1]) Religionsgesellschaften, auch wenn sie keine Korporationsrechte besitzen, unterliegen hinsichtlich ihrer zum Zwecke gemeinsamer Religionsübung abgehaltenen Versammlungen nur den Beschränkungen des Vereinsgesetzes. Eine mit diesem Grundsatz in Widerspruch stehende Polizeiverordnung würde ungültig sein. (K. G. v. 9. Juni 1890; Johow 10, 250.)

[2]) Jetzt 7 Tage. (Delius, S. 104 Anm. 2.)

dürfen keine Frauenspersonen, Schüler und Lehrlinge als Mitglieder aufnehmen ....[1]) Abs. 3: Frauenspersonen, Schüler, Lehrlinge dürfen den Versammlungen und Sitzungen solcher Vereine nicht beiwohnen ....

„Politische Gegenstände" sind solche, welche unmittelbar den Staat, seine Gesetzgebung oder Verwaltung berühren, seine Organe und Funktionen in Bewegung setzen (R.G. 25. Jan. 1892, E XXII 340), welche die staatsbürgerlichen Rechte der Unterthanen und die internationalen Beziehungen der Staaten zu einander in sich begreifen. (R.G. 10. Nov. 1887, E XVI, 383). Hierher gehören z. B. Wahlangelegenheiten, mögen dieselben den Reichstag oder den Landtag (K.G. 10. Oct. 1885 u. 13. April 1891; (Johow 6, 247 u. 11, 303) oder eine vom Staate anerkannte Korporation betreffen, z. B. Besprechung der Bürgermeisterwahl (K.G. 2. März 1893, bei Groschuff, S. 43); ferner politische Kundgebungen aller Art z. B. der Feier des 100jährigen Jahrestages der polnischen Konstitution (K.G. 28. März 1892; Goltd. 39, 452); Vorträge über die dänische Muttersprache, um diese im Gegensatz zur deutschen zu verherrlichen und so antideutsche Empfindungen zu wecken und zu kräftigen (K.G. 7. März 1895, Goltd. 42, 442 u. K.G. 10. Oct. 1895, Selbstverwaltung 1895 S. 747), Verherrlichung des hannoverschen Königshauses (K.G. 18. April 1895, Goltd. 43, 150).

Unter „politischen Gegenständen" sind nicht blos diejenigen zu verstehen, welche den Staat in Bezug auf seine Zwecke und in Bezug auf die zur Erreichung der letzteren anzuwendenden Mittel betreffen, also nicht blos Gegenstände der Staatsweisheitslehre oder Politik im engeren Sinne, sondern es gehört dazu alles, was unter den Begriff der Staatswissenschaft im weiteren Sinne zu subsumiren ist, also auch Fragen der Nationalökonomie und der Sozialpolitik. (K.G. 26. April 1888, Johow 8, 215.)

Die sozialen Fragen, wenngleich sie zunächst und an sich in der Art ihrer Besprechung und Erörterung nicht nothwendig politische zu sein brauchen, nehmen diesen Charakter sofort an, wenn sie mit dem Staat in praktische Beziehungen treten, namentlich, wenn zu ihrer Lösung Mittel und Wege zur Geltung gebracht werden sollen, welche

---

[1]) Litt. b ist durch Reichsgesetz v. 11. Dez. 1899 (R.G.Bl. S. 699), welches das Verbot des Inverbindungtretens politischer Vereine aufhebt, beseitigt. Politische Vereine dürfen selbst mit außerdeutschen politischen Vereinen ohne weitere Erlaubniß (in manchen Bundesstaaten z. B. dem Kgr. Sachsen ist Genehmigung des Ministers des Innern erforderlich) in Verbindung treten, vorausgesetzt, daß nicht etwa der Thatbestand des Hoch- und Landesverraths oder dgl. vorliegt.

eine Aenderung der bestehenden Einrichtungen des Staates und hierunter auch der geltenden Staatsgesetze zur Voraussetzung oder zur Wirkung haben, — sozialpolitische Fragen aber gehören zu den wichtigsten Gegenständen sowohl der inneren als der internationalen Politik. (O. Tr. 2. Febr. 1876, O. R. Bd. 17 S. 79.)

„Politische Gegenstände“ und „öffentliche Angelegenheiten“ sind keine Gegensätze, auch nicht synonym, sondern verwandte Begriffe. Die letzteren begreifen das ganze weite Gebiet der Verhältnisse, welche über den Rechtskreis bestimmter physischer oder moralischer Personen hinausgehen (v. Rönne, Staatsrecht Bd. 1 S. 4) und können nicht politische sein, insofern sie sich lediglich auf dem Gebiete der Wissenschaft, Kunst, Religion, Gewerbe, Technik u. s. w. bewegen. Sobald sie aber den Staat als lebenden Organismus affizieren und Interessen berühren, welche den Staat als Inbegriff der Gesammtheit und als organische Persönlichkeit betreffen, so werden sie politische.

Eine Unterscheidung, ob der Zweck politische Gegenstände in Versammlungen zu erörtern, einziger oder Hauptzweck oder letzter Endzweck ist, oder nicht, hat das Gesetz nicht gemacht. Es sind also auch Vereine, welche neben dem Zwecke politischer Erörterungen in Versammlungen noch andere z. B. rein gesellige Zwecke verfolgen, als politische Vereine im Sinne des § 8 des Vereinsgesetzes anzusehen.[1])

Es ist zulässig, schon aus einem einzigen gehaltenen Vortrage politischen Inhalts thatsächlich die Ueberzeugung zu gewinnen, daß der Verein bezweckt habe, auch politische Gegenstände in seinen Versammlungen zu erörtern.[2]) Der O. V. G.[3]) sagt:

„Ein Verein kann, selbst wenn sich nicht feststellen läßt, daß in den Mitgliederversammlungen jemals politische Gegenstände zur Erörterung gelangt sind, dennoch bezwecken, politische Gegenstände in Versammlungen zu erörtern; denn der Verein bezweckt dies auch dann, wenn die von ihm veranstalteten Versammlungen, in denen politische Gegenstände erörtert werden, nicht solche der Vereinsmitglieder sind.[4]) Es genügt darum, um einen Verein als politischen im Sinne des § 8 a. a. O. erscheinen zu lassen, daß in solchen öffentlichen Versammlungen, welche als Veranstaltungen des Vereins gelten müssen, von Vereinswegen Erörterungen herbeigeführt worden sind, in denen das politische Gebiet betreten wird.“

Die Erörterung politischer Gegenstände in Versammlungen setzt begrifflich eine Untersuchung, Auseinandersetzung bestimmter politischer

---

[1]) O. V. G. v. 27. Sept. 1901 (M. Bl. S. 265).
[2]) R. G. 18. Febr. 87 (E. in Straff. 15, 305).
[3]) Urth. v. 27. Sept. 1901 (M. Bl. S. 265).
[4]) Vgl. R. G. E. in Straff. 27, 69.

Angelegenheiten nach ihrem Grunde und Wesen voraus, mag auch der Vortragende nicht mit seiner eigenen Meinung darüber hervortreten, sondern nur die Ansichten und Aeußerungen Anderer wiedergeben.[1a]

Ein Verein, welcher zwar eine Einwirkung auf die Politik, aber nur durch Erörterungen in der Presse u. s. w. bezweckt, fällt unter die Beschränkungen des § 8 nicht schon dann, wenn er in Sitzungen seiner Vorsteher oder sonstigen Organe sein künftiges Auftreten und damit politische Dinge beräth, sondern erst dann, wenn der Verein die Erörterung politischer Gegenstände in seinen Versammlungen — sei es statutenmäßig, sei es thatsächlich — bezweckt hat.[2]

2. Die Versammlungen eines politischen Vereins unterliegen nach §§ 1 und 3 des Vereinsgesetzes nur dann der Anzeigepflicht, wenn in ihnen öffentliche Angelegenheiten erörtert und berathen werden sollen. Versammlungen zu geselligen und rein geschäftlichen Zwecken bedürfen also der Anzeige nicht.[3]

Ob auch Sitzungen (Zusammenkünfte einzelner Organe u. s. w.) der Anmeldepflicht unterliegen, ist fraglich, da eine ausdrückliche Bestimmmung fehlt. Man wird sich aber für die Bejahung aussprechen müssen, denn nach § 8 Abs. 3 a. a. O. können Sitzungen eines politischen Vereins, wenn denselben Frauenspersonen, Schüler oder Lehrlinge beiwohnen und auf die Aufforderung des anwesenden Abgeordneten der Obrigkeit (Polizeibeamten) nicht entfernt werden, aufgelöst werden. Daraus ist zu folgern, daß der Polizeibehörde eine Ueberwachungsbefugniß gemäß § 5 a. a. O. beiwohnt; diese ist aber nicht ausführbar, wenn die Sitzung nicht angemeldet werden muß, da regelmäßig nur auf diese Weise die Polizei Kenntniß erhält.[4]

3. Frauen, Lehrlinge und Schüler[5] dürfen Versammlungen und Sitzungen politischer Vereine nicht beiwohnen.

Unter den Versammlungen und Sitzungen sind nicht nur solche zu verstehen, welche die Erörterung politischer Gegenstände bezwecken, sondern alle durch den Verein oder doch von Vereinswegen veranstalteten Zusammenkünfte der Mitglieder und Dritter zu verstehen.[6]

1a) O. V. G. v. 16. Oct. 1890 (E. 38, 417).

2) O. V. G. v. 1. Oct. 1890 (E. 20, 432). Vgl. auch § 3 I 3 b.

3) K. G. v. 18. Nov. 1897; D. J. Z. 1898 S. 190.

4) Ob die Unterlassung der Anmeldung einer Sitzung bestraft werden kann, ist allerdings fraglich, da im Vereinsgesetz (§ 12) stets nur von Versammlungen die Rede ist.

5) Wegen des Begriffs vgl. unter Nr. 4.

6) R. G. v. 6. Dez. 1895 (E. i. Straff. 28, 66) u. O. V. G. v. 10. Nov. 1896 (Selbstverwaltung 1897 S. 500.)

Dem Ausdruck „Versammlungen" im Abs. 3 des § 8 ist keinerlei einschränkender Zusatz beigefügt. Wollte der Gesetzgeber hier den Begriff enger fassen, so hätte er die auszuschließenden Arten der Zusammenkünfte genau bezeichnen müssen; jede derartige Bezeichnung würde aber — da nichts hindert, bei wissenschaftlichen, literarischen, ja selbst bei rein geselligen Unterhaltungen (durch Tischreden) auch politische Gegenstände zu erörtern — die bequeme Möglichkeit jederzeitiger Umgehung des Gesetzes eröffnet haben.

Frauenspersonen, Schüler und Lehrlinge dürfen also Versammlungen politischer Vereine auch dann nicht beiwohnen, wenn dieselben ausschließlich anderen Zwecken, als politischen Erörterungen dienen sollen z. B. Weihnachtskränzchen, musikalisch-deklamatorischen Abendunterhaltungen mit Tanz, Leseabenden zum Lesen von Dramen mit vertheilten Rollen u. s. w. [1])

Der Gesetzgeber wollte diese Personen nicht sowohl den Einwirkungen durch die in Versammlungen gepflogenen Erörterungen entziehen, als vielmehr dieselben überhaupt von der Thätigkeit politischer Vereine fernzuhalten. Deshalb verbot er auch die Theilnahme an den Sitzungen, was insofern bezeichnend ist, als gerade diese weniger zu einer politischen Einwirkung geeignet sind, weil sie doch vorwiegend den internen (finanziellen und Verwaltungs-) Angelegenheiten des Vereins gewidmet zu sein pflegen. Bei den Frauen wurde insbesondere erwogen, daß es der Beruf derselben nicht mit sich bringe, sich mit politischen Dingen zu beschäftigen. Sie sollten deshalb außerhalb des Parteitreibens der politischen Vereine gestellt werden, an der Agitation weder activ noch passiv theilnehmen, auch nicht ein Mittel derselben werden. [2])

Die Anwesenheit der Frauen u. s. w. giebt der Polizeibehörde die Befugniß, die Versammlung oder die Sitzung aufzulösen, aber erst dann, wenn die Aufforderung des Abgeordneten der Polizei, sie zu entfernen, erfolglos geblieben ist. Die Frage, ob die Polizeibehörde berechtigt ist, eine Versammlung eines politischen Vereins im Voraus

---

[1]) O. V. G. vom 1. October 1890 bezw. 27. Sept. 1901 (E. 20, 432 bezw. M. Bl. 1901 S. 265). Da Versammlungen und Sitzungen, welche nicht politischen Erörterungen dienen sollen, nach der Rechtsprechung des Kammergerichts einer Anmeldepflicht nicht unterliegen, so wird die Polizei von denselben meistens nichts erfahren.

[2]) O. V. G. v. 1. Oct. 1890. (Entsch. 20, 432.) — Es ist deshalb auch nicht statthaft, daß Frauen den Versammlungen auf der Tribüne oder in einem sonst festabgegrenzten Raume beiwohnen, sollten sie sich auch an der Debatte nicht betheiligen. Anderer Ansicht: der Erlaß des Berliner Polizeipräsidenten v. 23. 4. 1902.

deshalb zu verbieten, weil voraussichtlich Frauen u. s. w. an derselben theilnehmen werden, ist vom O. V. G. verschieden beantwortet. Die Urtheile vom 6. März 1896 (Selbstverwaltung 1896 S. 468) und vom 27. Sept. 1901 (M. Bl. S. 265) sprechen sich dafür, die Urtheile vom 21. Januar und 7. October 1898 (Preuß. Verwaltungsbl. XX, 277 u. Selbstverwaltung 1899 S. 516) dagegen aus. Das Richtige ist wohl, anzunehmen, daß eine bloße Vermuthung nicht ausreicht, vielmehr thatsächliche Anhaltspunkte dafür vorliegen müssen, daß die Versammlung (Festlichkeit u. s. w.) ohne Mitwirkung von Frauen u. s. w. — man denke an Tanzlustbarkeiten, Kinderfeste u. s. w. — nach Absicht der Veranstalter nicht stattfinden soll.

An anderen Versammlungen,[1]) mögen sie von den im § 3 I 1 u. 2 genannten Vereinen ausgehen oder nicht, dürfen Frauen u. s. w. theilnehmen.[2])

Ob es sich um eine Veranstaltung eines politischen Vereins handelt, ist in jedem einzelnen Falle besonders festzustellen.

Ein vom Schriftführer namens des Vereinsvorstandes anberaumter und polizeilich angemeldeter „Leseabend mit Damen" ist eine Versammlung des Vereins im Sinne des § 8 Abs. 3 und hört auch, obgleich der Vorstand auf deren Leitung verzichtet hat, nicht auf, eine solche zu sein, weil der Vorstand bezw. dessen Organ doch immer der „Unternehmer" bleibt. Ein solcher Leseabend würde statt als Vereinsversammlung nur dann als Familienfestlichkeit betrachtet werden können, wenn er für die Familien der Vereinsmitglieder nicht vom Vereine oder in dessen Auftrage oder Vertretung, sondern von einzelnen Familienhäuptern, mögen dies Vereinsmitglieder oder andere sein, und zwar nicht bloß in objectiv erkennbarer Umgehung des Gesetzes veranstaltet worden wäre.[3])

4. **Politische Vereine dürfen keine Frauenspersonen, Schüler und Lehrlinge als Mitglieder aufnehmen.** Auch politische Vereine, welche ausschließlich aus Frauen (auch unverheiratheten) u. s. w. bestehen, sind verboten.[4]) Schüler sind auch Fortbildungsschüler und Gymnasiasten, nicht aber Studenten, überhaupt Hochschüler. Befindet sich ein bereits Wahlfähiger ausnahmsweise im Schüler- oder Lehrlingsverhältniß, so findet die Bestimmung keine Anwendung; denn es wäre widersinnig, demjenigen, welcher das oberste politische Recht

---

[1]) Wegen der Wahlvereine vgl. § 3 I, 3 c.
[2]) O. V. G. 24. Januar 1899 (E. 34, 439.)
[3]) O. V. G. v. 1. Oct. 1890 (E. 20, 432).
[4]) R. G. E. in Straff. 28, 66.

besitzt, ein geringeres zu versagen. Minderjährige, die nicht Schüler oder Lehrlinge sind, können als Mitglieder eintreten.

„Aufnehmen" läßt sich eine Person in einen Verein, welche demselben beitritt, und zwar auch dann, wenn sie den Verein mit Anderen gründet, da sich dann die Gründer, z. B. lediglich Frauen, gegenseitig aufnehmen.[1])

5. Strafbestimmungen und Schließung (Auflösung) des politischen Vereins. Nimmt ein politischer Verein Frauenspersonen, Schüler oder Lehrlinge als Mitglieder auf, so ist nach § 8 des Vereinsgesetzes die Ortspolizeibehörde berechtigt, vorbehaltlich des gegen die Betheiligten gesetzlich einzuleitenden Strafverfahrens, den Verein bis zur ergehenden richterlichen Entscheidung (§ 16) zu schließen.

Der § 16 Abs. 4 des Vereinsgesetzes bestimmt:

„Wenn die Polizeibehörde einen politischen Verein vorläufig geschlossen hat (§ 8), so ist sie gehalten, binnen 48 Stunden nach der Schließung davon und von den Gesetzwidrigkeiten, welche zur Schließung Anlaß gegeben haben, der Staatsanwaltschaft Anzeige zu machen. Findet die Staatsanwaltschaft die angeblichen Gesetzwidrigkeiten nicht geeignet, eine Anklage darauf zu gründen, so hat die Ortspolizeibehörde auf die ihr durch die Staatsanwaltschaft binnen weiteren acht Tagen zu ertheilende Nachricht die Schließung des Vereins aufzuheben. Anderenfalls muß die Staatsanwaltschaft ebenfalls binnen acht Tagen entweder die Anklage erheben oder binnen gleicher Frist die Voruntersuchung beantragen. Alsdann ist vom Gerichte sofort Beschluß darüber zu fassen, ob die vorläufige Schließung des Vereins bis zum Erkenntnisse in der Hauptsache fortdauern soll."

Strafbar[2]) sind ferner:

1. die Vorsteher, Ordner und Leiter des Vereins, die der Bestimmung des § 8a entgegengehandelt haben. Strafe: Geldstrafe von 5 bis 50 Thalern oder Gefängniß von 8[3]) Tagen bis 3 Monaten.

2. die Frauenspersonen, Lehrlinge und Schüler, welche sich als Mitglieder aufnehmen lassen. Strafe: wie unter 1.

In dem Strafverfahren kann der Richter außerdem nach der Schwere der Umstände auf Schließung des Vereins erkennen. Auf diese Schließung muß erkannt werden, wenn Vorsteher, Ordner oder Leiter sich wiederholt strafbar gemacht haben. Diese gerichtliche Maßregel ist nicht einmal davon abhängig, daß vorher eine polizeiliche

---

[1]) R. G. E. in Strafs. 28, 71.

[2]) Auch bloß fahrlässige Zuwiderhandlungen sind strafbar. (K. G. v. 8. Oct. 1896; D. J. Z. 97 S. 146.)

[3]) Jetzt 7 Tage. (Delius, S. 104 Anm. 2.)

Schließung des Vereins vorausgegangen ist.[1]) Die Polizeibehörde kann selbst gegen die beabsichtigte Aufnahme von Frauenspersonen u. s. w. seitens eines politischen Vereins präventiv einschreiten. (O. V. G. 26. Januar 97, D. J. Z. 1897, S. 306.) Diese Befugniß erleidet namentlich nicht durch das Schließungsrecht aus § 8 Abs. 2 a. a. O. eine Beschränkung.

Wer sich bei einem auch nur vorläufig (§ 8) geschlossenen politischen Vereine als Mitglied betheiligt, wird mit Geldstrafe von 5 bis 50 Thalern oder Gefängnis von 8[2]) Tagen bis 3 Monaten belegt.

Abschnitt B.

Die geschlossene Gesellschaft.

§ 7. Begriff des Vereins und der Unterart desselben, der geschlossenen Gesellschaft im engeren Sinn.

A. Eine Definition des Begriffs „Verein" ist in keinem Gesetze enthalten. Nach herrschender Ansicht ist unter Verein „jede dauernde Vereinigung Mehrerer zur Verfolgung bestimmter gemeinschaftlicher Zwecke zu verstehen."[3]) Das Oberverwaltungsgericht[4]) hält als wesentlich für den Vereinsbegriff im Sinne des öffentlichen Rechts, speziell des Vereinsgesetzes vom 11. März 1850, das Dasein eines auf einem Vertrage beruhenden Rechtsverhältnisses,[5]) durch welches eine Mehrheit von Personen behufs eines ihnen gemeinsamen Zweckes mittelst Unterordnung unter eine organisirte Willensmacht nach außen hin zu einer Einheit zusammengeschlossen wird. Auch das Reichsgericht[6]) hat die Definition des Vereins als einer „dauernden Vereinigung mehrerer Personen zur Verfolgung gemeinschaftlicher Zwecke unter einer Leitung" gebilligt. Auch das vormalige preußische Obertribunal[7]) scheint nur

---

[1]) R. G. E. in Straff. 28, 72.

[2]) Jetzt 7 Tage (Delius, S. 104 Anm. 2).

[3]) Obertribunal 30. 4. 1869 (Goltd. 17, 522).

[4]) Urth. v. 24. Jan. 1899 (E. 34, 439).

[5]) Vgl. Krückmann in Gruchot's Beiträgen Bd. 37 S. 226 u. Löning, Lehrbuch des Verwaltungsrechts Bd. 1 S. 271.

[6]) E. in Straff. Bd. 18 S. 172.

[7]) Goltd. 24, 392.

Vereine anzuerkennen, bei denen eine „Organisation zur Verwirklichung des Vereinszweckes unter einer äußeren Leitung besteht." Mit Recht bemerkt jedoch Caspar, S. 28 hierzu: „Dies geht aber fehl. Eine solche Leitung ist zweckmäßig und üblich; dem Staate kann auch wegen der besseren Aufsicht über die Vereine nur daran gelegen sein, daß eine Organisation bestehe und den Behörden mitgetheilt werde: für den Begriff der Vereine sind aber Leitung und Organisation nicht erforderlich." [1])

Dasselbe gilt von dem Vorhandensein eines Statuts. Die schriftliche Fixirung des Uebereinkommens in Satzungen ist zwar üblich. Vereine können aber auch ohne jedes Statut bestehen. Wo ein schriftliches Statut existirt, ist es der Regel nach ein wichtiges Auslegungsmittel zur Erkenntniß der Ziele des Vereins. Nicht aber ist ihm ausschließliche Beweiskraft zuzusprechen. Es kann vorkommen, daß der Zweck eines Vereins wesentlich anders ist, als nach dem Statut anzunehmen wäre.

Als Zweck des Vereins ist jeder beliebige hinreichend, wie die Erfahrung in dem Bestehen zahlloser Vereine lehrt. Dem Zwecke selbst braucht der Charakter einer längeren Dauer nicht beizuwohnen; es giebt zahlreiche Vereine, deren Zweck die Herstellung eines bestimmten Werks ist. Wohl aber muß der Zusammenhang, welchen die Verfolgung des Zwecks unter den Vereinigten bildet, von Dauer sein. Diese muß nicht gerade als ewig, endlos ins Auge gefaßt sein, wie es die Vereine zur Herstellung eines bestimmten Werkes zeigen, die sich mit dem Eintritt des Zweckes auflösen; erforderlich ist nur, daß nicht schon das erste Zusammentreten unter dem gemeinsamen Bande die Gemeinschaft beendet. [2])

B. Eine Unterart des Vereins ist die geschlossene Gesellschaft. Es folgt hieraus zunächst, daß auch für die letztere alle diejenigen Bestimmungen gelten, welche in den §§ 3 ff. für die verschiedenen Arten der Vereine festgestellt sind. Jede geschlossene Gesellschaft ist ein Verein, aber nicht jeder Verein eine geschlossene Gesellschaft.

Wir wenden uns nun zu den Besonderheiten der geschlossenen Gesellschaft. Der Begriff ist weder in den Reichsgesetzen noch in preußischen Landesgesetzen erläutert. In der Praxis verursacht er besondere Schwierigkeiten, weil sehr viel auf die konkreten Verhältnisse ankommt. [3]) Wenn eine Definition in verschiedenen Polizeiverordnungen

---

[1]) Vgl. auch K. G. v. 14. März 1895 (Johow 16, 322).
[2]) Vgl. Caspar, S. 25 und unter § 16.
[3]) Vgl. Ministerialerlaß vom 31. Aug. 1899 (Selbstverw. 1900 S. 700).

gegeben wird, so kann dem eine entscheidende Bedeutung nicht beigemessen werden, wie weiter unten näher auseinandergesetzt werden wird.

Geschlossen ist eine Gesellschaft, wenn sie „nicht öffentlich“ ist. [1]) Der Art. 125 des alten sächsischen Strafgesetzbuches erklärte eine Mittheilung dann für eine öffentliche, „wenn sie nicht an einzelne durch geschäftliche, häusliche oder freundschaftliche Verhältnisse verbundene Personen gerichtet ist, und sich nicht mit Hinsicht auf diese Verhältnisse sowie auf Ort, Zeit, Art und Weise der Mittheilung als eine vertrauliche und private darstellt.“ [2])

Oeffentlich ist demnach eine Handlung dann, wenn sie an einem Ort vorgenommen wird, der Jedermann zugänglich ist, also eine Versammlung, wenn sie nicht an einem der Allgemeinheit verschlossenen Orte stattfindet. Dieser Ort kann auch eine Privatwohnung sein.

Die allgemeine Zugänglichkeit des Ortes braucht nicht eine durchaus unbegrenzte, an keine Bedingung geknüpfte zu sein. Insbesondere fällt mit Ausschließung einzelner Persönlichkeiten oder Kategorien von Personen z. B. der Nicht-Arbeiter in einer Arbeiterversammlung, desgleichen mit der Aufstellung gewisser Bedingungen, von deren Erfüllung der Zutritt abhängig gemacht wird (z. B. Einladung, Eintrittsgeld, Lösen einer Eintrittskarte, Einführung durch einen Anderen) der Begriff der Oeffentlichkeit noch nicht weg, solange die Versammlung dadurch nicht den Charakter einer abgeschlossenen, individuell ausgewählten, durch spezielle wechselseitige Beziehungen miteinander verbundenen annimmt. (Vgl. Art. 125 Sächs. St. G. B.) Es kann daher die Versammlung eines Privatvereins, selbst wenn Nichtmitglieder nicht zugelassen sind, für öffentlich erachtet werden. So hat das Reichsgericht (E. i. Strafsachen 21, 254) die in der Mitglieder-Versammlung eines Wahlvereins gefallene Gotteslästerung als eine öffentliche im Sinne des § 166 St. G. B. bezeichnet, weil dieser Personenkreis seines losen, nur auf gemeinsamer Parteiansicht beruhenden Zusammenhangs wegen nicht als ein beschränkter aufzufassen sei. Ebenso ist es unbedenklich statthaft, einen allen Personen einer gewissen Kategorie, Richtung, Liebhaberei u. s. w. (z. B. allen Spiellustigen) zugänglichen Ort als öffentlich zu betrachten. [3]) Ein Ort gilt auch dann als öffentlich,

---

[1]) Der Umstand, daß in einer Versammlung öffentliche Angelegenheiten erörtert werden sollen (§§ 2 u. 8 des Vereinsgesetzes) schließt nicht aus, daß die Versammlung selbst eine nicht öffentliche ist.

[2]) Wegen der Gäste vgl. § 8b.

[3]) Nach dem R. G. 15. Nov. 00 (Johow 20 C. 113) ist eine Tanzlustbarkeit öffentlich nur dann, wenn die Theilnahme einer nach Art, Zahl und Individualität unbestimmten Mehrheit von Personen freisteht.

wenn Nachgiebigkeit oder mangelnde Aufsicht beliebigen Personen den Zutritt zu einem als geschlossene Gesellschaft zusammengetretenen Kreise ermöglichen.

Leider herrscht bezüglich der Bestimmung des Begriffs „geschlossene Gesellschaft" unter den beiden preußischen Gerichtshöfen, dem Oberverwaltungsgericht und dem Kammergericht, keine Uebereinstimmung.

Das Kammergericht [1]) versteht unter „geschlossener Gesellschaft" einen nach außen hin abgeschlossenen Kreis von Personen, welche nach innen mit einander verbunden sind." „Diese innere Verbindung", so führt dasselbe weiter aus, „kann auf persönlichen Beziehungen beruhen, welche zwischen den Mitgliedern bereits bestehen oder durch die Vereinigung hergestellt werden sollen, oder aber auf der Gemeinsamkeit des sachlichen Zweckes. Erforderlich ist aber stets die aus den Satzungen, den Beschlüssen oder sonst äußerlich erkennbare Abschließung gegen Nichtmitglieder. Ein Kranken-Unterstützungsbund von Handwerkern sowie ein Gesangverein können daher ohne Rechtsirrthum als geschlossene Gesellschaften angesehen werden.

Dagegen definirt das Oberverwaltungsgericht [2]) die geschlossene Gesellschaft als einen bestimmt abgegrenzten und nach außen hin abgeschlossenen, durch das innere Band wechselseitiger persönlicher Beziehungen zusammengehaltenen Kreis von Personen. [3])

Diese Begriffsbestimmung erklärt das Kammergericht in seinem oben mitgetheilten Urtheil als zu eng unter folgender Begründung:

„Für eine solche Einschränkung (d. h. auf persönliche Beziehungen) bietet weder der Ausdruck „geschlossene Gesellschaft," noch der Begriff, welcher damit im praktischen Leben verbunden wird, irgend einen Anhalt. Es giebt namentlich auch unter den höheren Ständen Vereinigungen, besonders Klubs, denen durchweg der Charakter der geschlossenen Gesellschaft zuerkannt wird und bei denen persönliche Beziehungen doch nur zwischen einem Theile der Mitglieder bestehen. Das die Gesellschaft zusammenschließende Band kann vielmehr auch in der bloßen Absicht der Anbahnung persönlicher Beziehungen oder in der Gemeinsamkeit des sachlichen Zweckes bestehen.

Gleichwohl kann die Absicht des Kammergerichts nicht als richtig anerkannt werden. Wenn die Gemeinsamkeit des sachlichen Zwecks genügen soll, ist eine Umgehung der Gesetze sehr erleichtert. Die persönlichen Beziehungen brauchen zwar keine besonders intensiven zu

---

[1]) Urth. vom 15. November 1900 (Johow Bd. 20 C. 112).

[2]) Urtheil von 24. Januar 1896 (E. 29, 420).

[3]) Ebenso sprechen sich auch die Erlasse des Ministers des Innern vom 8. Nov. 1887 (M. Bl. S. 270) und vom 31. Aug. 1899 (Selbstverw. 1900 S. 701) aus. Auch das Reichsgericht (E. i. Straff. 21, 254) steht auf dem Standpunkt des O. V. G.

sein, sie müssen aber immerhin bestehen. Dies führt uns dazu, auf die Zahl der Mitglieder unser Augenmerk zu richten.

Auch diese kann für die Eigenschaft eines Vereins als einer geschlossenen Gesellschaft von ausschlaggebender Bedeutung sein. Das O. V. G. hat in seinem Urtheile v. 3. März 1899 (E. 35, 440) folgendes ausgeführt: „Durch die Zugehörigkeit zu einem Vereine, der sich über ganz Deutschland erstreckt und alle in der Textilindustrie beschäftigten Arbeiter und Arbeiterinnen zu vereinigen sucht, können wechselseitige persönliche Beziehungen unter der Gesammtheit der Vereinsmitglieder nicht entstehen. Das gemeinschaftliche Streben nach möglichst günstigen Lohn- und Arbeitsbedingungen begründet kein engeres inneres Band unter den Arbeitern der betreffenden Industrie. Hierzu kommt, daß nicht nur Textilarbeiter — sogar Ausländer —, sondern auch Angehörige anderer Industrie, wenn für diese in ihrer Industrie eine örtliche Organisation nicht besteht, Mitglieder des Vereins werden können. Auch auf die Geringfügigkeit des Eintrittsgeldes von 20 Pfennig und des wöchentlichen Beitrages von 10 Pfennig ist hinzuweisen." Dasselbe Urtheil erklärt es jedoch für möglich, daß die Mitglieder einer an einem Orte errichteten Filiale unter sich eine geschlossene Gesellschaft bilden, verneint dies aber in dem betreffenden Falle mit Rücksicht auf die große Zahl (377) der Mitglieder.[1]) Die bloße Gemeinsamkeit der politischen Gesinnung und der politischen Ziele (Sozialdemokratie) reicht zu Annahme einer geschlossenen Gesellschaft nicht aus (O. V. G. v. 21. Januar 1898, Preuß. Verwaltungsblatt XX, 6), das innere Band persönlicher Beziehungen fehlt bei Versammlungen ganzer Klassen oder Stände der Bevölkerung. Oeffentlich ist sonach ein Fest der „Hausbesitzer", der „Metallarbeiter", der „Schiffer". Auch das bloße Sichkennen der Betheiligten, das in kleinen Ortschaften nicht selten ist, stellt noch nicht diese persönlichen Beziehungen her. Wohl aber können sie angeknüpft oder wenigstens angestrebt werden durch Vereinsbildung.

Von einem geschlossenen Verein kann nicht die Rede sein, wenn es sich nur um einen Scheinverein handelt. Diesfalls ist indeß nach dem Urtheil des Kammergerichts[2]) zu prüfen, ob die betreffende Versammlung, Tanzlustbarkeit u. s. w. nicht als eine geschlossene Gesellschaft im weiteren Sinne (vgl. unten § 16) angesehen werden kann.

---

[1]) Diese Auffassung ist nicht zu billigen. Es giebt an einzelnen Orten z. B. Beamtenvereine, welche bis zu 1000 Mitgliedern zählen, und denen ohne Weiteres die Rechte einer geschlossenen Gesellschaft zugebilligt werden. Von Bedeutung wird übrigens sein, ob sich der Verein über mehrere Orte verbreitet, oder nur auf einen Ort beschränkt.

[2]) Johow 17, 328.

Beide Gerichtshöfe verneinen das Vorhandensein einer geschlossenen Gesellschaft, wenn die Mitgliederzahl des Vereins so groß, die Organisation so lose ist, die Zusammensetzung eine so wechselnde, die Voraussetzungen für den Erwerb der Mitgliedschaft so geringe und leicht zu erfüllende sind, daß von einem nach außen hin abgeschlossenen Kreis innerlich mit einander verbundener Personen nicht die Rede sein kann.[1] Dies ist insbesondere der Fall, wenn die Befähigung zum Erwerbe der Mitgliedschaft nicht von dem Besitze bestimmter Eigenschaften abhängig gemacht, eine vorgängige Anmeldung oder Prüfung, eine Bekanntmachung mit den Statuten, eine Einführung in den Verein oder eine Unterweisung über dessen Ziele und Zusammensetzung nicht vorgeschrieben, der Erwerb der Mitgliedschaft für Jedermann sich vielmehr durch Einzahlung eines geringfügigen Eintrittsgeldes z. B. eines Groschens an der Saalthür, vollzieht, ohne daß irgend ein weiterer Akt seitens des Vereins hinzutritt, als die Einzeichnung des Namens in die Liste und die Ausfertigung einer Mitgliedskarte. Die Zusammenhangslosigkeit des Ganzen, die Unfaßbarkeit der die Mitgliedschaft begründenden Thatsachen u. s. w. kann so weit gehen, daß es keinen Sinn mehr hat, die Versammlungen des Vereins, auch wenn sie nur Mitgliedern zugänglich sein sollten, von frei zusammengeströmten, kurz von öffentlichen Versammlungen zu unterscheiden. Ob die Voraussetzung der Oeffentlichkeit zutrifft, ist im Einzelfalle nach dem thatsächlichen Verhalten (Organisation) des Vereins zu beantworten.[2]

In dem Falle des Urtheils des Oberverwaltungsgerichts (E. 27, 431) konnte jede mindestens 16jährige Person ohne Ausnahme lediglich durch Zahlung von 15 Pfennig und ohne jeden weiteren Akt von Seiten des Vereins als der Aushändigung eines numerirten Statuts zur „Legitimation" Mitglied werden, während in dem Falle des Urtheils des Oberverwaltungsgerichts (E. 29, 437) die Mitgliedschaft durch Zahlung eines Eintrittsgeldes von 60 Pfennig und Einzeichnung des Namens in eine Liste gegen Aushändigung einer Mitgliedskarte erworben werden konnte.

Bei den Theateraufführungen der „Versuchsbühne" zu Berlin war festgestellt, daß der Zutritt nur demjenigen gestattet ist, welcher zunächst nach genauer Befragung von Namen und Wohnung sowie

---

[1]) Vgl. auch R. G. (E. i. Strafs. 21, 254.)

[2]) O. V. G. E. 29, 429.

Eintragung in eine Liste eine auf seinen Namen lautende Mitgliedskarte erhält, demnächst aus der am Eingange stehenden Urne ein Billet zieht und dadurch für das Vereinsjahr das Recht erlangt, ohne nochmalige Prüfung gegen Zahlung eines bestimmten Betrages die weiteren Vorstellungen zu besuchen. Während das Oberverwaltungsgericht (E. 29, 429) hier die Theatervorstellung, trotzdem sie nur von solchen „Mitgliedern" besucht war, für eine öffentliche erklärt hat, ist das Kammergericht in seinem Urtheile vom 29. Juni 1896 [1]) zu der gegentheiligen Auffassung gelangt.

Diese Ansicht dürfte jedoch jetzt nach Erlaß des oben mehrerwähnten Urtheils (Johow 20 C. 112) vom Kammergericht nicht mehr aufrecht erhalten werden. Es empfiehlt sich hier der strengeren Auffassung des Oberverwaltungsgerichts beizupflichten. Ein solches Mitglied eines Theatervereins hat ganz dieselbe Stellung wie ein Abonnent öffentlicher Theatervorstellungen. Wir fassen unsere Auffassung dahin zusammen:

Eine geschlossene Gesellschaft ist ein durch das innere Band wechselseitiger persönlicher Beziehungen in sich zusammengehaltener und nach außen bestimmt abgeschlossener Personenkreis.

Bei Prüfung der Frage, ob eine solche Gesellschaft vorliegt und nicht vielmehr diese Eigenschaft nur vorgeschützt wird, um den für öffentliche Versammlungen u. s. w. bestehenden Beschränkungen zu entgehen, ist wesentliches Gewicht auf die Organisation des Vereins zu legen. Wird Jeder, der sich meldet, und seinen Namen in die Vereinsliste einzeichnet, ohne Weiteres aufgenommen und zwar gegen Zahlung eines Eintrittsgeldes, welches dem auf den Einzelnen fallenden Unkostenantheil an der betr. Festlichkeit, welche gerade bevorsteht, entspricht, erfolgt ferner die Aufnahme neuer Mitglieder in größerer Anzahl vor einer angesetzten Vereinsversammlung (Tanzlustbarkeit, Theatervorstellung u. s. w.), so wird man nicht fehl gehen, wenn man das Bestehen einer geschlossenen Gesellschaft verneint.

§ 8. Die geschlossene Gesellschaft insbesondere.

a) Statut und Gesellschaftslokal.

Es wäre unrichtig, aus den Urtheilen des O. V. G. vom 21. October bezw. 8. Nov. 1876 (Entsch. Bd. 1, S. 365 u. S. 375) herauslesen zu wollen, daß eine geschl. Gesellschaft Statuten und ein bestimmtes Lokal haben müsse. Es handelte sich in beiden Fällen

---

[1]) Goltd. 43, 432.

um die Verordnung der Magdeburger Regierung vom 13. Dezember 1833 (Amtsbl. S. 332), nach welcher geschlossenen Gesellschaften, die ein eigenes Lokal besitzen und durch besondere Statuten vereinigt sind, das Veranstalten von Bällen nur an gesetzlich bestimmten Tagen untersagt werden darf. Das O. V. G. hatte damals gar keine Veranlassung, sich über diese Fragen auszusprechen, beschränkte sich vielmehr in dem ersteren Erkenntniß auf den unzweifelhaft richtigen Satz, daß wenn ausnahmsweise für besondere Vergnügungen ein anderes, größeres, als das gewöhnliche, Lokal gemiethet worden sei, der Verein den Charakter einer geschlossenen Gesellschaft dadurch noch nicht verloren habe.

Das Kammergericht[1]) nannte geschlossene Gesellschaften solche durch Statuten vereinigte Gesellschaften, welchen für ihre regelmäßig stattfindenden geselligen Vergnügungen, selbst wenn dieselben nur einmal an einem bestimmten Tage der Woche stattfinden sollten, ein bestimmtes Lokal zu ihrer ausschließlichen Benutzung überlassen ist. Ein späteres Urtheil desselben Gerichts (Johow 6, 140) rechnet es nicht zum Begriffe einer geschlossenen Gesellschaft, daß dieselbe ein dauerndes Recht auf ausschließliche Benutzung eines Lokals besitzt. Das Erforderniß eines Gesellschaftsstatuts und eines Vereinslokals hat das Kammergericht in seinem Erkenntniß (Johow 16, 323) fallen gelassen. Die neueste Rechtsprechung dieses Gerichtshofes erscheint als die zutreffende. Vorweg sei bemerkt, daß regelmäßige Zusammenkünfte für den Begriff einer geschlossenen Gesellschaft gänzlich ohne Bedeutung sind.

Nach diesem kurzen Ueberblick über die Auffassung der Gerichtshöfe kommen wir zur Erörterung selbst.

Wie ein Verein, so können auch geschlossene Gesellschaften ohne jedes Statut (Satzung) bestehen. Allerdings wird bei Prüfung der Frage, ob wirklich eine geschlossene Gesellschaft vorliegt und ob nicht der Verein lediglich zur Umgehung der Gesetze diese Eigenschaft vorschützt, unter Umständen das Fehlen des Statuts als ungünstiges Moment gegen die Gesellschaft verwerthet werden können. Sind Statuten vorhanden, so sind diese für die Beurtheilung des Vereins als einer geschlossenen Gesellschaft nicht allein und ausschließlich maßgebend. Diese Frage ist vielmehr nach allen obwaltenden thatsächlichen Verhältnissen des Vereins zu entscheiden.[2]) Ein bestimmtes Vereinslokal ist ebenfalls nicht erforderlich. Eine geschlossene Gesellschaft kann sich

---

[1]) Urth. v. 13. Oct. 1881 (Johow 4, 253.)

[2]) R. G. v. 3. Nov. 1879 (Annalen Bd. 1, S. 69) u. O. V. G. v. 4. April 1896 (Selbstverwaltung 1897, S. 521.)

überall versammeln und ihre Festlichkeiten veranstalten, sei es in Privathäusern oder öffentlichen Lokalen, sei es in geschlossenen Räumen oder unter freiem Himmel z. B. in einem Restaurationsgarten. Nur muß das betreffende Lokal lediglich der geschlossenen Gesellschaft zur Verfügung stehen, die Benutzung für Andere ausgeschlossen sein. Gewöhnlich pflegt sich vor dem betreffenden Zimmer ein Plakat mit der Aufschrift „Geschlossene Gesellschaft“ oder dgl. zu befinden, damit Fremde gleich informirt sind und einzutreten vermeiden. Wesentlich ist indeß die Aufschrift nicht, es muß nur jeder Fremde alsbald, wenn auch unter Anwendung der üblichen Höflichkeitsformen aus dem Zimmer entfernt werden.[1]) Ein Verschließen oder Geschlossenhalten der Eingangsthüren ist nicht erforderlich; auch hinter Portièren oder in einem Zelte kann eine Gesellschaft räumlich ausreichend abgeschlossen sein. Nur muß eine scharfe Ueberwachung am Eingang oder im Innern das Eindringen Unberufener verhindern. Unter Umständen kann die Wahrnehmbarkeit durch außerhalb des geschlossenen Raums befindliche Personen die Oeffentlichkeit der Veranstaltung bestimmen, selbst wenn an der Eingangsthür das Plakat „Geschlossene Gesellschaft“ angebracht ist. Eine in einem geschlossenen Kreise in einem Saale dargebotene Theater- oder Musikaufführung, die den Zaun- und Fenstergästen als Zuschauern und Zuhörern, also zu gleichem Zweck wie den Mitgliedern zugänglich wird, ist öffentlich.[2]) Ein Tanzvergnügen dagegen wird es noch nicht dadurch, daß Außenstehende die Tanzmusik hören und die Tanzenden sehen können, denn hier gehört zur Theilnahme die Möglichkeit mitzutanzen. In einer Strafsache meinte kürzlich ein Vereinsvorstand, das Tanzvergnügen sei kein öffentliches gewesen, weil Fremde, also weder Mitglieder noch eingeführte Gäste, zwar in den Saal eingelassen, aber am Tanze nicht hätten theilnehmen dürfen. Allein hier wird man auch die Oeffentlichkeit annehmen müssen.

Unerheblich ist ferner, ob das Lokal durch einen rechtsgültigen Vertrag (Miethe, Leihe u. s. w.) der Gesellschaft überlassen ist, es genügt, daß die letztere thatsächlich in der Lage ist, fremde Personen fernzuhalten. Der von der geschlossenen Gesellschaft benutzte Raum, sollte

---

[1]) Personen, welche dem Willen des Vereinsvorstandes zuwider sich nicht entfernen, machen sich des Hausfriedensbruches schuldig.

[2]) Allzu strenge Anforderungen wird man zumal bei Konzerten nicht stellen dürfen, da der Schall naturgemäß sich nicht unterdrücken läßt. Ueberdies ist entscheidend, ob der Verein die Theilnahme ausdrücklich oder stillschweigend gestattet, die Mitglieder desselben überhaupt mit den Fremden in Wechselbeziehungen stehen.

er auch die öffentliche Schankstube sein, ist während der Dauer der Benutzung kein öffentlicher, die Polizeistunde (§ 365 St. G. B.) findet deshalb auf ihn keine Anwendung (vgl. die übereinstimmende Judikatur des Kammergerichts u. Oberverwaltungsgerichts im M. Bl. 1892 S. 228).

Nach Eintritt der Polizeistunde dürfen sich die Mitglieder und Gäste der geschlossenen Gesellschaft nur in ihrem Lokale aufhalten, nicht mehr in den öffentlichen Schankräumen,[1]) es sei denn, daß diese nach Fortgang der fremden Schankgäste der geschlossenen Gesellschaft zum ausschließlichen Gebrauch überlassen werden. Der Schankwirth wird übrigens nicht strafbar sein, wenn Mitglieder einer geschlossenen Gesellschaft die Schankstube, welche zu diesem Zwecke noch erleuchtet gehalten wird, nur passiren, um ein Bedürfniß zu verrichten oder dgl., Getränke aber dort nicht einnehmen.

Daß das Lokal außerhalb der Stunden, in denen es von der geschlossenen Gesellschaft benutzt wird, auch öffentlichen Vergnügungen dient, insbesondere öffentliche Schankstube nicht, berührt die Eigenschaft des Vereins als geschlossene Gesellschaft nicht.

Kammergericht (Johow 6, 182) und O. V. G. (E. 9, 416) führen übereinstimmend aus:

„Es mag nur an die Möglichkeit erinnert werden, daß der Gastwirth selbst für ein Familienfest einzelne seiner im übrigen dem Wirthschaftsbetriebe dienenden Räume benutzt, oder solche Räume an einzelne Privatleute für derartige Festlichkeiten vermiethet“ .... „Wollte man solche Gesellschaften und Versammlungen lediglich mit Rücksicht darauf von vorgängiger polizeilicher Genehmigung abhängig machen, daß sie Versammlungslokale benutzen, die im übrigen zu Gast- und Schankwirthschaften gehören, so liefe das nur auf den Versuch hinaus, das bestehende Vereins- und Versammlungsrecht auf Grund eines rein äußerlichen, das Wesen der Sache nicht berührenden Moments thatsächlich illusorisch zu machen.“

Vielfach gingen die Polizeibehörden gegen den Wirth vor. Das K. G. (Johow 6, 182) hat jedoch eine Polizeiverordnung, welche Schank- und Gastwirthe, welche geschlossenen Gesellschaften ihre Lokale ohne Erlaubniß der Polizeibehörde überlassen, mit Strafe bedroht, für rechtsungültig erklärt. Auch das Oberverwaltungsgericht (Urth. v. 9. März 92, E. 22, 409) führt aus: „An einer Ueberlassung seines Lokals ist der Wirth auch durch die polizeiliche Konzession rechtlich nicht behindert, weil diese ihn nicht verpflichtet, sein Gewerbe unausgesetzt in allen konzessionirten Räumen zu betreiben; die dauernde Entnahme einzelner

[1]) Der Schankwirth, welcher Mitglieder einer geschlossenen Gesellschaft in einem Jedermann zugänglichen Raume seines Schanklokals über die Polizeistunde duldet, ist nach § 365 St. G. B. strafbar (K. G. 23. März 1893; Johow 14, 288.)

Räume aus dem Betriebe mag zur Konzessionsentziehung Anlaß geben, bleibt aber immer rechtlich zulässig." Offenbar auf Grund dieser letzten Entscheidung hat der Minister des Innern in seinem Rescript vom 13. Mai 1892 (M. Bl. S. 228) angeordnet, daß gegen Wirthe, welche ihre zur Schankwirthschaft konzessionirten Räume ganz oder zu einem wesentlichen Theile dauernd oder doch so häufig an geschlossene Gesellschaften zum ausschließlichen Gebrauche überlassen, daß die dem öffentlichen Verkehr dienenden Lokale nicht mehr den bei Ertheilung der Konzession vorausgesetzten Anforderungen entsprechen, das Konzessionsentziehungsverfahren einzuleiten sei.

Eine Polizeiverordnung, welche Gast- und Schankwirthen, die ihre Lokale geschlossenen Gesellschaften zu deren ausschließlichem Gebrauche zum Zwecke der Abhaltung von Tanzbelustigungen u. s. w. überlassen wollen, bei Strafe gebietet, dies spätestens 24 Stunden vorher der zuständigen Polizeibehörde anzuzeigen, ist dagegen zweifellos rechtsgültig.[1]) Sie erscheint auch sehr zweckmäßig, da bei manchen geschlossenen Gesellschaften ein größerer Wagenverkehr vor dem Gesellschaftslokale, bei Maskenbällen auch Zusammenlauf von Menschen u. dgl. stattfindet, sodaß eine Beaufsichtigung seitens der Polizei nothwendig erscheint. Hat letztere keine Nachricht von dem beabsichtigten Vergnügen, so kann sie natürlich ihrer Pflicht nicht genügen.

Dieser Uebelstand ist bei Gesellschaften in Privathäusern oder eigenen Klubhäusern allerdings nicht vermeidbar.[2])

b) Gäste.[3])

Die geschlossene Gesellschaft verliert ihren Charakter nicht dadurch, daß zu ihren Versammlungen u. s. w. „Gäste" hinzugezogen werden.[4])

---

[1]) Versäumt der Wirth die Anmeldung, so darf die Polizei selbstverständlich die Lustbarkeit der geschlossenen Gesellschaft nicht inhibiren. Strafbar ist nur der Wirth, nicht etwa auch der Verein.

[2]) Eine Anmeldepflicht kann für geschlossene Gesellschaften, welche eigene Schankwirthschaft haben (vgl. § 15 unten), durch Polizeiverordnung nicht konstituirt werden, weil § 6 litt. e des Gesetzes vom 11. März 1850 die Oeffentlichkeit zur Voraussetzung hat.

[3]) Die Anwesenheit von Kellnern und sonstigen Aufwartepersonen macht die Versammlung nicht zu einer öffentlichen.

[4]) So die übereinstimmende Judikatur des K. G. u. O. V. G. Zutreffend sagt der Erlaß des Finanzministers und des Ministers des Innern vom 15. November 1896 (Centralbl. f. Abgabengesetzgebung S. 648), daß Lustbarkeiten, welche von geschlossenen Gesellschaften veranstaltet werden, dann als öffentliche und demgemäß der stempelpflichtigen polizeilichen Genehmigung (vgl. § 39 des Tarifs zum Stempelsteuergesetze vom 31. Juli 1895) unterliegende anzusehen seien, wenn zu ihnen auch andere Personen, als die Mitglieder und die von

Gäste sind selbstverständlich nicht Mitglieder des Vereins. Eine Definition des Begriffs „Gäste" ist in den Gesetzen nicht gegeben. Die Rechtsprechung des Oberverwaltungsgerichts und des Kammergerichts weicht auch in diesem Punkte von einander ab.

Nach dem Urtheil des O. V. G. v. 24. Sept. 1888 (E. 18, 422) sind Gäste solche Personen, deren Theilnahme mindestens von der Einführung durch Vereinsmitglieder bedingt wird, also irgend welche persönliche Beziehungen derselben zu den sie einführenden Vereinsmitgliedern voraussetzt.

Das Kammergericht (Urth. v. 15. Nov. 1900, Johow 20 C 113) versteht unter Gästen Personen, welche auf Grund persönlicher oder sachlicher Beziehungen von dem veranstaltenden Verein oder dessen Mitgliedern eingeladen oder von dem Vereine zugelassen oder von Mitgliedern eingeführt sind. Das Richtige treffen folgende Erwägungen: Wie beide Gerichtshöfe übrigens ebenfalls anerkennen, können Gäste nicht bloß Familienangehörige bezw. Verwandte der Mitglieder sein, sondern auch andere Personen. Wenn das O. V. G. (E. 1, 375) von erwachsenen Familienangehörigen spricht, so dürfte diese Eigenschaft nicht nöthig sein. Es können auch Kinder[1]) an den geselligen Vergnügungen geschlossener Gesellschaften theilnehmen. Nur die Theilnahme an öffentlichen Vergnügungen kann die Polizei unerwachsenen Personen (unter 16 Jahren) verbieten.[2]) Es ist ferner gleichgültig, ob die Gäste in dem Orte, wo der Verein seinen Sitz hat, wohnen,[3]) ob sie Ausländer sind oder nicht.

---

diesen eingeführten Gäste Zutritt haben. Die Polizeiverordnung des Polizeipräsidenten zu Berlin über Theatervorstellungen vom 10. Juli 1851 (Amtsbl. S. 219) schränkt den Begriff der „Oeffentlichkeit" in unzulässiger Weise ein, wenn sie im § 3 sagt: „Als öffentlich wird jede Theatervorstellung angesehen, an welcher außer den von dem Unternehmer ausdrücklich eingeladenen Personen oder außer den Mitgliedern einer geschlossenen Gesellschaft auch andere theilnehmen können;" und weiter: „Die von Vereinen zur Erheiterung ihrer Mitglieder veranstalteten Theatervorstellungen sind öffentliche, wenn die Theilnahme daran auch anderen Personen, als Mitgliedern des Vereins gestattet wird." Hier ist für Gäste gar kein Raum gelassen. Vgl. auch K. G. 2. Januar 1888 (Johow 8, 235).

[1]) Selbst diejenigen von Nichtmitgliedern.

[2]) K. G. v. 4. März 95 (Johow 16, 239) u. K. G. 12. Sept. 1898 (Selbstv. 1899 S. 184).

[3]) Die Polizeibehörde zu Hermsdorf (Kynast) verbot in einem Falle unzulässigerweise die Einführung von Gästen aus Hermsdorf selbst.

Es müssen indeß persönliche Beziehungen zwischen dem einführenden Vereinsmitgliede und dem Gaste obwalten.[1]) Das Bestehen sachlicher Beziehungen, welche das Kammergericht stets für genügend hält, kann unter Umständen ausreichen. Man denke an ein Schachturnier, an ein Kunstfechten u. s. w., an welchem fremde Meister u. s. w. theilnehmen, die die Vereinsmitglieder persönlich vorher nicht kennen. Für Tanzlustbarkeiten, gewöhnliche Theatervorstellungen, überhaupt Veranstaltungen, zu deren Besuch kein höheres Motiv, sondern lediglich die Lust, sich zu amüsiren, Veranlassung bietet, wird man persönliche Beziehungen fordern müssen, wenn man der Gesetzesumgehung nicht Thür und Thor öffnen will.[2]) Ueber die Einladung von Gästen hat der Vorstand bezw. die Mitgliederversammlung zu beschließen. Die Einladung kann direct vom Verein ausgehen, es kann aber auch die Einladung den einzelnen Mitgliedern überlassen werden. Diese letzteren sind aber an die Directiven des Vorstands gebunden. Ist z. B. die Einführung von Angehörigen bestimmter Berufsklassen, z. B. der Handelsleute oder dgl., verboten, so können diese nicht Gäste sein. Ueberhaupt kann Jemand als Gast nur in Uebereinstimmung mit den Satzungen bezw. dem Willen des Vorstandes oder der Mitgliederversammlung eingeladen werden. Ob die Einladung mündlich oder schriftlich erfolgt, ist gleichgültig, ebenso ob vor oder nach Beginn derselben.[3]) Die Einladung kann auch auf Veranlassung desjenigen erfolgen, welcher Gast zu werden wünscht, die Initiative braucht also nicht vom Verein oder dessen Mitgliedern auszugehen.

Jeder Gast muß persönlich einzeln eingeladen werden. Wenn das Kammergericht (Johow 20 C. 112) sagt: „Es macht keinen Unterschied, ob die Einladung an einzelne Personen oder an ganze individuell begrenzte Personengruppen, insbesondere andere geschlossene Gesellschaften erfolgt, sofern durch diese Zuziehung nicht einer unbestimmten Mehrheit von Personen der Zutritt gewährt wird," so kann dem nicht beigestimmt werden. Der Begriff „Gast" muß restrictiv interpretirt werden. Man denke sich, an einem kleineren Orte bestehen

[1]) Werden gänzlich unbetheiligte Personen eingeladen, so wird das Fest zu einem öffentlichen. K. G. 20. Nov. 1899. Selbstverw. 1900 S. 216.

[2]) Schließt sich an das Schachturnier, Turnervorstellung u. s. w. ein Tanz an, so wird durch die Theilnahme der zu ersterem auf Grund sachlicher Beziehungen eingeladenen Gäste das Tanzvergnügen noch nicht zu einem öffentlichen, es sei denn, daß das Schachturnier u. s. w. lediglich als Maske für den nachfolgenden Tanz benutzt wird.

[3]) Letzterenfalls wird besonders geprüft werden müssen, ob nicht etwa eine Umgehung des Gesetzes geplant ist. Vgl. auch § 12 A. (Gastliste).

zwei oder mehrere geschlossene Gesellschaften, welche unter sich das Abkommen treffen, die Mitglieder des einen Vereins gelten ohne Weiteres zu den Festlichkeiten des anderen als eingeladen.[1]) Wenn das zulässig sein soll, dann sind öffentliche Lustbarkeiten überhaupt überflüssig, man erreicht dasselbe, und zwar auf bequemere Weise, wenn man Mitglied einer geschlossenen Gesellschaft wird, welche mit anderen im Einladungskartell steht. An jedem Sonntag kann man dann der Tanzlust ungenirt fröhnen und braucht sich um keine Polizei zu kümmern.

Außer der Einladung ist noch die Einführung jedes Gastes durch ein Vereinsmitglied, welches die Verantwortung für ihn übernimmt, nothwendig.[2]) Die Einführung muß durch Vorstellung, wenn nicht beim Vorsitzenden, so doch bei einem Vorstandsmitgliede[4]) erfolgen. Es empfiehlt sich auch, den Gast als solchen den am Eingang des Saals vom Vorstande aufgestellten Kontrolpersonen zu bezeichnen, welche über die Gäste zweckmäßigerweise eine Liste führen.[3]) Sind die einzuführenden Gäste z. B. Ehefrau oder Kinder eines Vereinsmitgliedes, den Kontrolpersonen und einem Vorstandsmitgliede bereits persönlich bekannt, so kann von einer förmlichen Einführung Abstand genommen werden, es genügt diesfalls auch stillschweigende Zulassung. Nur mit dieser Einschränkung ist die Ansicht des Kammergerichts richtig, daß durch Zulassung seitens eines Vereins, also durch ein rein negatives Verhalten desselben, Jemand „Gast“ werden könne.

Wird ein für Vereinsmitglieder bestimmtes Fest mit dem Hinzufügen öffentlich bekannt gemacht, daß Einführungen von Nicht-Geladenen durch den Festausschuß gestattet seien, so ist das Fest als eine öffentliche Lustbarkeit anzusehen.[5]) Ueberhaupt spricht für die Oeffentlichkeit einer Lustbarkeit deren vorherige Ankündigung in verschiedenen Zeitungen.[6]) Etwas anderes ist es natürlich, wenn ein Verein statuten- oder usancemäßig in bestimmten Zeitungen das Fest

---

[1]) Selbst wenn ein solcher Vermerk in den Satzungen stände, auch das Abkommen auf reeller Basis beruhte, wäre es nicht rechtswirksam. Vgl. auch O. V. G. 21. Januar 1898, Preuß. Verw. Bl. XX, 6.

[2]) Auch O. V. G. (E. 22, 415 u. 29, 419) verlangt, daß die Gäste besonders eingeführt sein müssen.

[3]) Erfolgt die Einführung von Nichtmitgliedern ohne jedwede Förmlichkeit und Kontrole, so wird die Versammlung eine öffentliche. (Urth. d. Oberlandesgerichts Dresden, Annalen VI, 11).

[4]) Ist dieses der Einführende, so muß die Vorstellung bei einem anderen Vorstandsmitgliede erfolgen.

[5]) O. V. G. v. 33. März 1900; Preuß. Verwaltungsbl. XXI, 467.

[6]) O. V. G. v. 5. Dez. 1899; Preuß. Verwaltungsbl. XXI, 279.

bekannt macht, um auf diese Weise am billigsten seine Mitglieder zu benachrichtigen. Die Zahl der Gäste ist nicht beschränkt; sie kann größer sein als die der anwesenden Vereinsmitglieder. Das O. V. G. weist sogar in seinem Urtheile vom 17. Febr. 1899 (E. 35, 436) die Schlußfolgerung des Regierungspräsidenten, die geringe Zahl der Vereinsmitglieder — etwa 20 — habe zu der großen Zahl der sämmtlichen Festtheilnehmer — etwa 300 — in solchem Mißverhältniß gestanden, daß darum die Veranstaltung einen öffentlichen Character gehabt habe, als ungerechtfertigt mit dem Bemerken zurück, daß individuelle Beziehungen zwischen den Vereinsmitgliedern und einer viel größeren Zahl anderer Personen bestehen können, das Dasein solcher Beziehungen zu den eingeführten Gästen aber die Oeffentlichkeit ausschließe. Die Auffassung des O. V. G. geht sehr weit. Mag auch der Umstand, daß die Zahl der Gäste außer allem Verhältniß zu der Zahl der Mitglieder des Vereins steht, allein noch nicht genügen, so wird er doch in Verbindung mit anderen Momenten zur Konstatirung der „Oeffentlichkeit" verwerthet werden können.

Sehr bestritten ist die Frage, ob schon die Erhebung eines Eintritts- oder Tanzgeldes von den Gästen die Lustbarkeit zu einer öffentlichen macht. Sie ist richtiger Ansicht nach zu verneinen; das O. V. G. läßt sie in seinem Urtheile vom 3. März 1899 (E. 35, 442) unentschieden.

Daß wenn Eintrittskarten an Jedermann verkauft werden, die von der betreffenden geschlossenen Gesellschaft veranstalteten Vergnügungen u. s. w. als öffentliche anzusehen sind, kann nicht zweifelhaft sein (O. V. G. 24. Sept. 88 E. 18, 422 und Erlaß des Ministers des Innern vom 2. Nov. 1884; M. Bl. S. 251). Es macht auch keinen Unterschied, wenn das Eintrittsgeld in verschleierter Form z. B. durch Verkauf von Programmen oder als Garderobengeld erhoben wird. Dasselbe gilt, wenn ein Eintritts- oder Tanzgeld überhaupt nicht erhoben, aber nachträglich die Kosten des Vergnügens auf die Gäste mitrepartirt werden.[1])

Der Circularerlaß des Ministers des Innern vom 26. Nov. 1859 (Min. Bl. S. 339) bestimmt:

„Des Regenten Prinzen von Preußen Königliche Hoheit haben aus Anlaß eines Allerhöchstdemselben über die anderweite Regulirung der auf die Veranstaltung von öffentlichen Tanzlustbarkeiten in der Rheinprovinz bestehenden Bestimmungen von mir gehaltenen Vortrages zu bestimmen geruhet, daß Tanz-

[1]) Vgl. auch das im § 16 citirte Urtheil des Kammergerichts v. 2. Dez. 1895 (Johow 17, 329).

lustbarkeiten, welche von Privat- oder sog. geschlossenen Gesellschaften gegen Erhebung eines Eintrittsgeldes veranstaltet werden, als öffentliche nur dann betrachtet werden sollen, wenn die Gesellschaft eben zu dem Zwecke, die Tanzlustbarkeit zu veranstalten, zusammentritt, nicht aber, wenn sie bereits anderweitig besteht und die Tanzlustbarkeit für ihre Mitglieder und etwaige Gäste derselben nur gelegentlich neben den Zwecken, welche sie sonst verfolgt, wenn auch gegen besonderes Eintritts- oder Tanzgeld veranstaltet.

Hiervon setze ich die Königliche Regierung mit der Auflage in Kenntniß, die obige Allerhöchste Bestimmung bei dem etwaigen Erlaß bezüglicher Polizeiverordnungen zur Richtschnur zu nehmen und die bereits erlassenen Verordnungen mit dieser Allerhöchsten Bestimmung in Einklang zu setzen."

Das Kammergericht nimmt an, daß sich dieses Ministerialrescript nicht darauf habe beschränken wollen, eine bloße Directive für die Verwaltungsbehörden zu geben, und hat deßhalb verschiedene Polizeiverordnungen, welche abweichende Bestimmungen trafen, als mit der Verordnung einer höheren Instanz in Widerspruch stehend, für rechtsungültig erklärt.[1]) Das ist z. B. der Fall mit der Verordnung des Oberpräsidenten von Brandenburg vom 14. Juni 1892, welche bestimmte: „Verfolgen Privat- und geschlossene Gesellschaften hauptsächlich andere Zwecke (nämlich, als Lustbarkeiten u. s. w. zu veranstalten), so bedarf es bei gelegentlichen Lustbarkeiten derselben für ihre Mitglieder und etwaigen Gäste nur einer vorgängigen Anzeige bei der Ortspolizeibehörde und keiner Erlaubniß der letzteren, es sei denn, daß nicht bloß von den Gesellschaftsmitgliedern, sondern auch von den Gästen ein besonderes Eintritts- oder Tanzgeld zu entrichten war."

Aber auch der Ministerialerlaß kann, wie die Ausführungen unter c ergeben, nicht in allen Punkten für zutreffend erachtet werden, da er den Begriff einer öffentlichen Zusammenkunft weiter ausdehnt, als derselbe sich durch allgemeine Rechtsgrundsätze oder durch positive gesetzliche Vorschriften bestimmt.

Es ist außerordentlich schwer, den Verwaltungsbehörden in einer Verordnung den Begriff der „öffentl. Tanzlustbarkeit" präzis zu bestimmen. Es können nur allgemeine Grundsätze aufgestellt werden, nach denen die Polizei im Einzelfalle zu prüfen hat, ob die Zusammenkunft als öffentliche anzusehen ist oder nicht.

Wegen der „Gäste" bei Kriegervereinen vgl. Anhang unter c.

c) Als Zweck der Gesellschaft ist jeder beliebige und erlaubte ausreichend;[2]) man denke an einen Rauch-, Kegelklub u. s. w. Auch Vereine, welche allein oder hauptsächlich die Veranstaltung von Ver-

---

[1]) Urth. v. 2. April 1896, Selbstverw. 1897, S. 54.

[2]) Vgl. § 7 unter A; S. 36.

gnügungen bezwecken, können geschlossene Gesellschaften sein. (O. V. G. v. 3. März 1899 u. 17. Febr. 1899, — E. 35, 442 u. 436.)[1]) In dem letzteren Urtheil wird ausgeführt:

„Wenn der Ministerialerlaß vom 15. November 1896 unter II, 3, Abs. 2 (Min. Bl. S. 239) die Lustbarkeiten geschlossener Gesellschaften, falls diese ausschließlich oder hauptsächlich zu dem Zwecke der Veranstaltung von Lustbarkeiten zusammengetreten sind, hinsichtlich der Nothwendigkeit polizeilicher Genehmigung öffentlichen Lustbarkeiten gleichstellt, so ist wohl nur an fälschlich sogenannte geschlossene Gesellschaften gedacht, bei denen keine persönlichen Beziehungen unter den Mitgliedern be= und entstehen. Ist dagegen eine individuelle Verbindung unter den Mitgliedern vorhanden, so dürfen deren Vereinigungen nicht wie öffentliche behandelt werden (vgl. Ministerialerlasse vom 23. Febr. 1889 zu 3; M. Bl. S. 38; u. vom 8. November 1887; M. Bl. S. 270.")

d) Ueber die Dauer des Bestehens giebt es keine Vorschriften, erforderlich ist nur, daß nicht schon das erste Zusammentreten unter dem gemeinsamen Bande die Gemeinschaft beendet.[2]) Das O. V. G. (Entsch. Bd. 1, S. 365, S. 375 und Bd. 35, S. 442) scheint besonderen Werth auf regelmäßig wiederkehrende Zusammenkünfte zu legen, allein dies geschieht nur, um daraus das Vorhandensein wechselseitiger persönlicher Beziehungen herzuleiten. Ein wesentliches Moment sind die regelmäßigen Zusammenkünfte nicht. Immerhin können aber dieselben für die Beurtheilung des Characters einer geschlossenen Gesellschaft in Betracht kommen.

Falls die Gäste einer Restauration sich kurz vor Eintritt der Polizeistunde zu einem Verein zusammenschließen, wird man unmöglich von einer geschlossenen Gesellschaft, für welche bekanntlich die Polizeistunde nicht maßgebend ist, sprechen können, sollte auch der Schankraum anderen später kommenden Gästen nicht mehr zugänglich sein; denn eine solche Maßnahme trägt den Stempel der Gesetzesumgehung zu deutlich an der Stirn. Dasselbe wird sogar dann gelten müssen, wenn der so gegründete Verein eine längere Dauer beabsichtigt und nicht nach dem Verlassen der Wirthschaft wieder auseinanderfällt. Vgl. im Uebrigen die Ausführungen im § 16.

---

[1]) Es fehlt an jedem zureichenden Grunde, diese Vereine anders zu behandeln, wie die übrigen, welche in erster Linie z. B. wissenschaftliche und erst sekundär Vergnügungszwecke verfolgen.

[2]) Vgl. § 7 unter A; S. 36.

Abschnitt C.

Rechte der Behörden, insbesondere der Polizei, gegenüber den geschlossenen Gesellschaften.

§ 9. Allgemeines.

Die aus dem Vereinsgesetz hervorgehenden Pflichten der Vereine, insbesondere der politischen u. s. w., sind in den §§ 5 und 6 zur Darstellung gebracht. Es fragt sich nun, welche Befugnisse der Polizei auf Grund anderer Gesetze noch zustehen, sei es nun, daß die Vereine unter das Vereinsgesetz (§§ 2 u. 8) fallen oder nicht.[1])

Nach dieser Richtung hin hat das O. V. G.[2]) folgende Grundsätze aufgestellt:

Die Polizei ist berechtigt:

1. die zur Erfüllung ihrer Aufgaben erforderliche Auskunft von den ihrer Amtsgewalt unterworfenen Personen zu verlangen (Entsch. d. O. V. G. Bd. 15 S. 423 ff.);

2. strafbare Handlungen bei thatsächlich begründetem Verdachte durch ihr Einschreiten zu verhüten (§ 2 II, 17 Allg. Landrecht);[3])

3. auch im übrigen die zur Erhaltung der öffentlichen Sicherheit und Ordnung und zur Abwendung von Gefahren nöthigen Anstalten zu treffen. (§ 10 II, 17 Allg. Landrecht u. § 6 des Gesetzes vom 11. März 1850, G. S. S. 265.)

Gegenüber den Vereinen und Versammlungen ist die Befugniß unter 3 durch Verfassung und Gesetz näher begrenzt und zwar nach bestehender Rechtsprechung[4]) dahin, daß

a) die Polizei ihr Einschreiten gegen eine Personenmehrheit, falls es lediglich aus dem Grunde erfolgt, weil diese von ihrem Vereins- oder Versammlungsrechte Gebrauch macht, nur auf das Vereinsgesetz stützen kann, während andererseits

b) das aus anderen gesetzlichen Vorschriften zulässige oder gebotene Einschreiten gegen eine Mehrheit von Personen oder gegen einzelne Personen nicht lediglich um deswillen rechts-

---

[1]) Gegen eingetragene Genossenschaften und deren Versammlungen ist ein polizeiliches Einschreiten in derselben Weise zulässig, wie gegen andere Vereine. O. V. G. 19. Dez. 1895 (E. 29, 447). — Wegen der Religionsgesellschaften vgl. § 6 zu I u. II A S. 20 u. 28.

[2]) Vgl. Urth. v. 3. April 1894 (E. 26, 401).

[3]) O. V. G. (E. 23, 407) u. R. G. 11. Febr. 1892 (Preuß. Verw. Bl. XIII, 332).

[4]) Vgl. die Grundsätze der Entsch. d. O. V. G. v. 16. Okt. 1889 im M. Bl. 1890 S. 1; u. die Erörterung im Preuß. Verw. Bl. XII, 433.

widrig wird, weil diese ihr Vereins- oder Versammlungsrecht ausüben.

Zwecks Durchführung ihrer Anordnungen stehen der Polizeibehörde die Zwangsmittel des § 132 des Landesverwaltungsgesetzes vom 30. Juli 1883 (G. S. S. 195) zu, also Festsetzung von Geldstrafen, eventuell Haft, oder unmittelbarer Zwang.[1]) Außerdem verfallen die Betheiligten in kriminelle Strafe, wenn sie die erlassenen Polizeistrafverordnungen übertreten.

§ 10. Gründung und Auflösung des Vereins. Statuten,[2]) Mitgliederverzeichniß, Auskunftspflicht.

Eine Anmeldung der Gründung einer geschlossenen Gesellschaft bei der Ortspolizeibehörde ist nicht vorgeschrieben, deshalb auch nicht erzwingbar. Falls die Gesellschaft freiwillig eine Anmeldung vornimmt, empfiehlt es sich für die Polizei, die Vorstandsmitglieder über ihre Rechtsverhältnisse zu belehren, sie insbesondere darauf hinzuweisen (schriftlich oder mündlich), daß ihre Vergnügen bei etwaiger Theilnahme von Nichtmitgliedern (abgesehen von den eingeführten Gästen) zu öffentlichen werden und Beginn bezw. Fortsetzung derselben — abgesehen von späterer Bestrafung — polizeilich gehindert werden kann.

Ueber die Entwerfung der Satzungen bestehen keine Vorschriften. Der Verein ist darin nicht beschränkt.

Auch der Name der Gesellschaft unterliegt der freien Wahl der Mitglieder. Die Polizei kann nur einschreiten, sofern der gewählte Name aus Rücksichten des öffentlichen Rechts, der allgemeinen Wohlfahrt oder der öffentlichen Moral zu Bedenken Veranlassung geben könnte.

Das Oberverwaltungsgericht[3]) hat angenommen, daß die Polizei das Recht habe, auch von den Vorstehern solcher Vereine, auf welche der § 2 des Vereinsgesetzes nicht angewendet werden kann, Auskunft über Mitglieder u. s. w. zu erfordern, auch in die Statuten und Mitgliederverzeichnisse Einsicht zu nehmen, um sich zur Ueberwachung der öffentlichen Ordnung in den Stand zu setzen. Besteht der begründete Verdacht, daß die geschlossene Gesellschaft unter

---

[1]) Wegen der Rechtsmittel gegen die polizeilichen Verfügungen vgl. die §§ 127—130, 133 des Gesetzes über die allg. Landesverwaltung v. 30. Juli 1883 (G. S. S. 195).

[2]) Vgl. § 8a S. 41 ff.

[3]) Urth. v. 19. Nov. 1884, E. 9, 389 u. Urth. v. 3. April 1894 E. 26, 401.

Mißbrauch und unter dem Deckmantel des nicht für politische Vereine bezw. Privatgesellschaften geltenden Rechts auf öffentliche Angelegenheiten einzuwirken versucht,[1]) oder unerlaubter Weise öffentliche Lustbarkeiten veranstaltet oder Schankwirthschaft ohne Konzession betreibt, so hat die Polizei die Pflicht einzuschreiten.

Die Polizei hat aber kein allgemeines und unbedingtes Recht auf Ertheilung von Auskunft u. s. w., sondern nur soweit, als dies zur sachgemäßen Erfüllung ihrer Aufgabe nöthig erscheint. Ein Bedürfniß nach Auskunft durch die Betheiligten ist bei Verhältnissen, welche öffentlich bekannt sind oder aus einem Jedermann zugänglichen öffentlichen Register z. B. dem Genossenschaftsregister, Handelsregister oder bei rechtsfähigen Vereinen (vgl. oben § 4) Vereinsregister ersehen werden können, nicht anzuerkennen.[2])

Hat das Statut bezw. Mitgliederverzeichniß bereits einmal der Polizei vorgelegen, so verliert letztere darum noch nicht das Recht, die nochmalige Einsicht zu fordern, betreffs des Mitgliederverzeichnisses um so weniger, als die Mitglieder häufig wechseln. (O. V. G. E. 9, 389.)

Das O. V. G. (E. 26, 401) hat die Verfügung einer Polizeibehörde an den Vorsitzenden eines nicht unter das Vereinsgesetz fallenden Vereins, in welcher unter Androhung einer Strafe die Einreichung der Statuten, Anzeige des Orts und der Zeit der Vereinsversammlungen u. s. w. aufgegeben war, als rechtsungültig aufgehoben, weil es unzulässig sei, eine Handlung (hier die Anzeige u. s. w.), deren Unterlassung nur bei Eintritt einer Bedingung (falls nämlich der Verein eine Einwirkung auf öffentliche Angelegenheiten bezwecken sollte) strafbar wird, schon eher durch positive Anordnung zu erzwingen, als die Bedingung thatsächlich erfüllt ist, und als die an sich erlaubte Unterlassung überhaupt strafbar werden kann.

Einer Genehmigung seitens der Polizei unterliegen dergleichen Vereinsstatuten nicht. Auch ein Einsichtnahmevermerk ist unzulässig. Ist versehentlich ein solcher eingetragen, so hat derselbe keine Be-

---

[1]) Die Erfüllung der durch das Vereinsgesetz auferlegten Pflichten soll grundsätzlich dann noch nicht verlangt werden dürfen, wenn die Verfolgung des Zwecks noch ungewiß und zweifelhaft erscheint. (O. V. G. v. 11. Mai 1897; D. J. Z. 1897 S. 427.)

[2]) O. V. G. v. 2. März 00 (E 37, 427) und 3. Juni 98 (Preuß. Verwaltungsbl. XX, 428), sowie K. G. 17. Oktober 01 (Johow 22 C 112). Von praktischer Bedeutung ist das genannte Recht der Polizei also nur bei nicht rechtsfähigen Vereinen.

deutung. Keineswegs kann aus demselben eine Genehmigung der nach dem Statut etwa abzuhaltenden öffentlichen Lustbarkeiten hergeleitet werden.

Eine Auflösung (Schließung) eines Vereins kann die Polizeibehörde der Regel nach nicht anordnen. Eine Ausnahme findet statt bei den politischen Vereinen im engeren Sinne (vgl. § 6 B.) und bei strafrechtswidrigen Vereinen (vgl. § 3 III u. § 5 I). Die Auflösung der Versammlungen des Vereins nach § 5 des Vereinsgesetzes ist etwas anderes und hat nur vorübergehende Wirkung. Der Bestand des Vereins bleibt unberührt, selbst wenn Vereinsversammlungen mehrfach aufgelöst sind.

§ 11. Das Gesellschaftslokal.[1])

Die von der geschlossenen Gesellschaft benutzten und zu ihrer ausschließlichen Verfügung stehenden Räume sind den Privatwohnungen gleich zu achten.[2]) Der Polizeibehörde ist ein Betreten derselben also nur in denjenigen Fällen und unter denjenigen Voraussetzungen gestattet, in denen es nach §§ 7, 8 u. 12 des Gesetzes zum Schutze der persönlichen Freiheit vom 12. Febr. 1850 (G. S. S. 45) zugelassen ist.

Diese §§ haben folgenden Wortlaut:

§ 7. „In eine Wohnung darf wider den Willen des Inhabers Niemand eindringen außer auf Grund einer aus amtlicher Eigenschaft folgenden Befugniß oder eines von einer gesetzlich dazu ermächtigten Behörde ertheilten Auftrages."

§ 8. „Das Eindringen in die Wohnung während der Nachtzeit ist verboten.[3]) Die Nachtzeit umfaßt für die Zeit vom 1. October bis 31. März die Stunden von 6 Uhr Abends bis 6 Uhr Morgens und für die Zeit vom 1. April bis 30. September die Stunden von 9 Uhr Abends bis 4 Uhr Morgens."

§ 12. „Das Verbot, Haussuchungen bei Nachtzeit vorzunehmen (§ 8) findet keine Anwendung"

1) auf die Wohnungen der Personen, welche durch ein Straferkenntniß unter Polizeiaufsicht gestellt sind,
2) auf Orte, welche der Polizei als Schlupfwinkel des Hazardspiels, als Herbergen und Versammlungsorte von Verbrechern, als Niederlagen verbrecherisch erworbener Sachen oder als Aufenthaltsorte lüderlicher Frauenzimmer bekannt sind,

---

[1]) Vgl. auch § 8a S. 42 ff.

[2]) Dies ergiebt sich namentlich aus § 9 des Gesetzes vom 12. Febr. 1850 (G. S. S. 45), nach welchem diejenigen Orte, in denen während der Nachtzeit das Publikum ohne Unterschied zugelassen wird, nur solange, als dieselben dem Publikum zum ferneren Eintritt, oder dem eingetretenen Publikum zum ferneren Verweilen geöffnet sind, nicht als Wohnungen angesehen werden.

[3]) Eine Ausnahme gilt im Fall eines aus dem Innern der Wohnung hervorgegangenen Ansuchens (§ 9 a. a. O.).

3) wenn dringende Gründe dafür sprechen, daß bei längerer Zögerung die in einer Wohnung befindlichen Gegenstände, in Bezug, auf welche eine strafbare Handlung begangen worden, oder die daselbst vorhandenen Beweismittel abhanden gebracht oder gefährdet werden möchten.

Wegen der Durchsuchung von Wohnungen zum Zwecke der Strafverfolgung vgl. die §§ 102 ff. St. P. O.

Zu Rechtfertigung des Eindringens in die Räume einer geschlossenen Gesellschaft genügt aber nicht die bloße Möglichkeit strafbarer Handlungen der Mitglieder der Gesellschaft, sondern nur der auf thatsächlichen Vorgängen beruhende Verdacht, [1]) daß solche Handlungen begangen würden. Nicht ausreichend ist somit die Absicht der Polizeibehörde festzustellen, ob Fremde zu der Tanzlustbarkeit, welche die Gesellschaft veranstaltet, zugelassen seien, noch auch die bloße Möglichkeit, daß eine geschlossene Gesellschaft die öffentliche Ruhe, Ordnung und Sicherheit beeinträchtigt, oder daß sich ein Verein unter dem Vorgeben geselliger Vergnügungen der polizeilichen Aufsicht bei Erörterung öffentlicher Angelegenheiten entziehen will und dgl. mehr. [2])

Ist hiernach das Betreten der Räume der geschlossenen Gesellschaft verboten, so folgt daraus noch nicht, daß auch jede andere das Ziel einer Ueberwachung verfolgende Maßregel einer geschlossenen Gesellschaft gegenüber unzulässig ist. [3]) Die Polizei ist befugt, innerhalb der Räume eines Schankwirths, welche dem Verkehre des Publikums offen bleiben, aber vor den einer geschlossenen Gesellschaft vorbehaltenen Festräumen Ermittelungen vorzunehmen, ob in diesen eine öffentliche Lustbarkeit ohne polizeiliche Genehmigung stattfinde, also eine strafbare Handlung begangen werde, und die Polizeibeamten dürfen zu dem Zwecke auch die ankommenden Besucher befragen; denn die Polizeibehörde ist berechtigt, die zur Vorbereitung ihrer Entschließung, ob die nicht genehmigte Lustbarkeit zu verhindern sei, erforderliche Aus-

---

[1]) § 27 des Gendarmerie-Edicts v. 30. 12. 1820 (G. S. 1821 S. 1) bestimmt: „Was die Visitation der Wirthshäuser und Herbergen betrifft, so ist solche in Fällen des Verdachts den Gendarmen zu jeder Tageszeit, auch ohne Zuziehung der Ortspolizeibehörde, nächtlich aber nur mit derselben gestattet.“ Vgl. Urtheil des Kammergerichts (Selbstverw. 1902 S. 54.)

[2]) O. V. G. E. 1, 375.

[3]) Wird ruhestörender Lärm in der geschlossenen Gesellschaft verübt, so ist die Polizei selbstverständlich zum Einschreiten befugt, wie zur Vermeidung von Mißverständnissen hervorgehoben wird. Auch wenn polizeiliche Erlaubniß zur Tanzmusik ertheilt, so folgt daraus noch keineswegs die Befugniß, ohne Rücksicht auf die Nachbarn u. s. w. durch Musikmachen die nächtliche Ruhe zu stören. (K. G. v. 19. Febr. 83, Johow 3, 372.)

kunft von den Betheiligten zu verlangen (O. V. G. v. 10. Dezember 1895, D. J.-Z. 1896 S. 224).

Eine polizeiliche Ueberwachung der Tanzvergnügungen und Lustbarkeiten in den der Gesellschaft reservirten Räumen ist selbstverständlich verboten.

Bezüglich der von der geschlossenen Gesellschaft zu benutzenden Räume erachtet das O. V. G. (Urth. v. 19. Dez. 1895; E. 29, 447) die Polizei vermöge der ihr nach § 6 Ziffer a und f des Gesetzes vom 11. März 1850 obliegenden Fürsorge für Leben und Gesundheit und zur Verhinderung von Gesundheitsgefahren für befugt, bestimmte Anforderungen bezüglich der Größe u. s. w. zu stellen.[1])

Das Kammergericht (Urth. 3. u. 17. Dezember 1894 Goltd. 42, 445) hat eine dahin gehende Polizeiverordnung für ungiltig erklärt, weil dieselbe in dem § 6 Ziffer a und f keine genügende Stütze finde, da nämlich nur die Erhaltung der Gesundheit der Mitglieder bezweckt sein könne, die Polizeiverordnung also nur das Sonderinteresse einzelner Personen, kein öffentliches Interesse zum Gegenstande habe.

Demgegenüber bemerkt das O. V. G.: „Es kann nicht anerkannt werden, daß der Schutz der Mitglieder einer Gesellschaft gegen Gefahren, denen sie bei ihren Versammlungen ausgesetzt sind, kein öffentliches Interesse habe." Das O. V. G. hat allerdings die polizeiliche Anordnung in dem betreffenden Falle deshalb für unwirksam erachtet, weil das, was sie verbot, mit einer Gesundheitsgefahr garnicht verbunden war.

In dem Urtheile des O. V. G. v. 26. Juni 1894 (E. 26, 406) wird ausgesprochen:

„Die zu einem Vereine zusammengetretenen Personen sind zwar verpflichtet, in ihrer Thätigkeit und daher auch bei der Auswahl ihrer Versammlungsräume die polizeilich zu schützenden Gemeininteressen in Bezug auf Sicherheit von Leben und Gesundheit nicht zu gefährden, die Mitglieder sind aber nicht darum, weil sie zu einem Vereine zusammentreten, nun auch verpflichtet, die für dessen Versammlungen nöthigen Räume zu beschaffen oder in polizeimäßigem Zustande zu erhalten. Die Polizei kann daher dem Vereine die Benutzung nicht polizeimäßiger Räume untersagen, sie darf ihm aber nicht positiv gebieten, daß er zweckentsprechende Räume baulich herstelle. Denn dies würde auf einen polizeilichen Zwang zur Entfaltung rein privater Vereinsthätigkeit und somit auf einen Eingriff in die Willensfreiheit und in die Vermögensrechte des Einzelnen hinauskommen, der unter keinen Umständen durch das öffentliche Interesse erfordert werden kann und deshalb völlig außerhalb desjenigen Gebietes liegt, auf dem die Uebung polizeilichen Zwanges, mag dieser im Wege der Einzelverfügung oder der Polizeiverordnung erfolgen, durch das Gesetz zugelassen ist."

---

[1]) Wegen der Räume, in denen Schankwirthschaft u. s. w. vom Verein getrieben wird, vgl. § 15.

Folgt man dieser Auffassung des O. V. G., so wird man auch folgende, in dem Urtheile desselben vom 26. Juni 1880 (E. 6, 370) ausgesprochenen Rechtssätze geschlossenen Gesellschaften gegenüber für anwendbar erachten müssen. „Die Polizei ist für befugt zu erachten, eine Versammlung von einem Lokal fern zu halten, das mit dem Einsturz droht oder von ansteckenden Krankheiten infizirt ist.“ Nach eben demselben Gesichtspunkte erscheint es rechtlich zulässig, daß die Polizeibehörde dem Unternehmer einer Versammlung die äußerste Grenze der Zahl von Theilnehmern angiebt, deren Innehaltung sie im sicherheitspolizeilichen Interesse zu erzwingen genöthigt ist, wenn der besondere bauliche Zustand eines Lokals die Annahme rechtfertigt, daß die Ansammlung von so vielen Menschen in den Räumen desselben, als an sich darin Platz finden können, jene gefährden würde.

Einen genügenden Anhalt zum polizeilichen Einschreiten bieten nach (O. V. G. Urth. v. 8. Januar 1897, Preuß. Verwaltungsblatt XVIII, 315) das Aufschlagen der Thüren der Ausgangsthür des Versammlungssaales nach Innen, die Nichtkenntlichmachung der Ausgangsthür durch Schrift, Beleuchtung des Lokals durch tragbare Petroleumlampen u. s. w.

Die Aufforderung eines Amtsvorstehers, an der Außenseite der Eingangsthür zum Haupt-Gesellschaftszimmer eine Tafel anzubringen, welche die Namen der Mitglieder der geschlossenen Gesellschaft enthält, und dieses Verzeichniß stets auf dem Laufenden zu erhalten, hat das O. V. G. (Urth. v. 26. Juni 1894; E. 26, 406) für unzulässig erklärt unter folgender Begründung:

„Die Befugniß, von einem Privaten oder einem Privatverein zu verlangen, daß er über bestimmte Thatsachen und zu einem bestimmten Zwecke der Polizeibehörde Kenntniß giebt, schließt die völlig anders geartete, und viel weitergehende Berechtigung nicht in sich, daß die Polizei von dem Privaten oder der Privatgesellschaft nun auch fordern dürfe, er solle diese Auskunft nicht lediglich der Polizei mittheilen, sondern sie dauernd an irgend einem Orte anbringen und anheften, wo sie auch allen dort verkehrenden dritten Personen erkennbar werden muß.“

Man wird indeß noch weiter gehen und jede Anordnung der Polizei, welche nicht aus dem Gesichtspunkte der Fürsorge für Leben und Gesundheit zu rechtfertigen ist, für rechtsungültig erklären müssen. Das Kammergericht hat in seinen Urtheilen vom 3. u. 17. Dezember 1894 (Goltd. 42, 445) ausgesprochen: „Geschlossene Gesellschaften unterliegen, falls in ihnen nicht öffentliche Angelegenheiten erörtert werden, nicht dem lokalpolizeilichen Verordnungsrechte. Eine derartige Gesellschaften beschränkende Polizeiverordnung, welche z. B. Bestimmungen enthält über die Beschaffenheit der Versammlungsräume, über die Führung von Mitgliederlisten, Führung eines Fremdenbuches, Anstellung des Kastellans, Oekonomen u. s. w., entbehrt der Rechtsgültigkeit. Aus den Gründen ist hervorzuheben: „Die nicht öffentlichen Versammlungen in geschlossenen Räumen stehen, sofern in ihnen öffentliche Angelegenheiten nicht erörtert werden sollen, in polizeilicher Beziehung dem Familienkreise, der Privatgesellschaft im Privathause gleich.[1]) Der Ortspolizeibehörde ist durch § 6 des Gesetzes vom 11. März 1850 eine legislative Kompetenz nur in Hinsicht des öffentlichen Verkehrs, der öffentlichen Sicherheit, des öffentlichen Interesses schlechthin ertheilt, dagegen sollte jeder Eingriff der Polizeibehörde im privaten Interesse ausgeschlossen sein. Das Verordnungsrecht der Ortspolizeibehörden muß demnach, auch wenn es sich um den Schutz von Personen handelt, auf solche Verfügungen beschränkt bleiben, welche das öffentliche Interesse überhaupt zu befördern bestimmt sind (Johow 9, 295). Dem Gemeinwohl gegenüber steht das Sonderinteresse einer Einzelpersönlichkeit, welches niemals den Gegenstand und Inhalt einer Polizeiverordnung bestimmen darf (Rosin, Polizeiverordnungsrecht S. 98). Wenn auch die hier fragliche Polizeiverordnung ohne Zweifel die Hebung des öffentlichen Wohles bezweckt, indem sie durch ihre Bestimmungen gegen die Bildung und Existenz solcher Gesellschaften anknüpft, die in der Form einer Privatvereinigung Schankwirthschaft betreiben, so ist dies in der Polizeiverordnung nicht zum Ausdruck gelangt, und nach dem Wortlaut der Verordnung hat dieselbe nur das Sonderinteresse von geschlossenen Gesellschaften und nicht das öffentliche Interesse zum Gegenstande. Die Bestimmungen bezüglich der Räumlichkeiten sind nicht aus Rücksicht auf „die Sorge für Leben und Gesundheit“ der Gemeinde, der Gesammtheit, erlassen, sondern höchstens aus Rücksicht auf die Gesundheit der Mitglieder der geschlossenen Gesellschaften.“

§ 12. Versammlungen und Vergnügungen geschlossener Gesellschaften. Stempelsteuer. Lustbarkeitssteuer.

Die Befugniß der Polizei zu dem Verbote von öffentlichen Versammlungen ist nicht auf die Fälle beschränkt, in welchen das Vereinsgesetz die Auflösung der Versammlung gestattet.[2]) Die bloße Möglichkeit, daß die Versammlung Störungen der öffentlichen Ordnung

---

[1]) Vgl. O. V. G. (E. 9, 411), K. G. 14. Dez. 85 (Johow 6, 182 u. Groschuff, Preuß. Strafgesetze S. 50 zu § 2, Anm. 2.

[2]) Vgl. § 6, S. 27 u. 32.

zur Folge haben kann, gegen welche polizeilich einzuschreiten sein würde, berechtigt nicht zum Verbote der Versammlung von vornherein; ebensowenig unlautere Motive des Unternehmers, wenn keine Bedenken dagegen obwalten, daß die Versammlung selbst unanstößig verlaufen wird. Es müssen thatsächliche Anhaltspunkte vorliegen.[1]) Künftige Versammlungen im Voraus zu verbieten, ist der Regel nach nicht statthaft.[2])

A. Geschlossene Gesellschaften[3]) brauchen ihre nichtöffentlichen Versammlungen oder Vergnügungen in geschlossenen Räumen[4]) (auch Masken- und Kostümbälle) weder bei der Ortspolizeibehörde anzumelden[4a]) noch bedürfen sie einer polizeilichen Genehmigung für dieselben. Dies ist vom Kammergericht in seinen Urtheilen vom 9. Nov. 1896 bezw. 9. September 1897 (Selbstverwaltung 1897 S. 136 u. S. 728) angenommen. Daß das O. V. G. gleicher Ansicht ist, ergeben dessen Erkenntnisse vom 25. April 1883 (E. 9, 406) vom 17. Februar u. 3. März 1899 (E. 35, 436 u. 442). In dem Urtheile desselben Gerichts vom 21. October 1876 (E. 1, 365) ist anscheinend allerdings noch angenommen, daß die Anmeldung rechtsgültig vorgeschrieben werden könne. Auch die Theaterzensur kann gegenüber geschlossenen Gesellschaften, welche für ihre Mitglieder und Gäste theatralische Aufführungen veranstalten, durch die Polizei nicht ausgeübt werden,[5]) da sie die Oeffentlichkeit der Aufführungen zur Voraussetzung hat. Ihre nicht öffentlichen Versammlungen dürfen, falls der Verein nicht unter die §§ 2 oder 8 des Vereinsgesetzes fällt[6]) weder im Voraus verboten noch aufgelöst werden. Vgl. aber § 11 B. (Gesundheits- oder baupolizeiliche Rücksichten).

Eine geschlossene Gesellschaft kann hinsichtlich ihrer Vergnügungen weder bezüglich der Zahl noch der Dauer Beschränkungen seitens der Polizei unterworfen werden.[7]) Wenn einzelne Polizeibehörden von geschlossenen Gesellschaften die vorherige Einreichung eines Verzeichnisses

---

[1]) O. V. G. v. 11. Oct. 1884 (E. 11, 382).

[2]) O. V. G. v. 18. Dez. 1896 (E. 31, 409).

[3]) Wegen der Anzeigepflicht der Schankwirthe vgl. § 8a S. 45.

[4]) Wegen der nothwendigen Genehmigung für öffentliche Aufzüge, Versammlungen unter freiem Himmel vgl. § 5.

[4a]) Wegen Anmeldung im Interesse der Lustbarkeitssteuer vgl. unten unter C.

[5]) O. V. G. v. 24. Januar 1896 (E. 29, 429).

[6]) Vgl. oben § 6 A 5.

[7]) Bezüglich der Sonn- und Feiertage vgl. § 13.

der einzuladenden Gäste (eine sog. Gastliste) verlangen, so ist dies nicht gerechtfertigt. [1])

Veranstaltet die Gesellschaft ausdrücklich öffentliche Versammlungen oder Lustbarkeiten, so ist dieselbe nicht etwa privilegirt, sondern untersteht demselben Recht, wie andere öffentliche Veranstaltungen. Sie muß Genehmigung für ihre Lustbarkeiten erbitten u. s. w. Dasselbe gilt, wenn den Veranstaltungen der geschlossenen Gesellschaften mit Rücksicht auf die besonderen Umstände des Falles der Charakter der Oeffentlichkeit beigemessen werden muß. Sind diesfalls die polizeilichen Verordnungen nicht befolgt, so sind die Vorstandsmitglieder [2]) als Veranstalter strafrechtlich verantwortlich. [3])

Die Veranstalter eines geschlossenen Vereinsballes müssen durch zweckentsprechende Anordnungen z. B. durch Aufstellung von Kontrollorganen an den Eingangsthüren u. s. w. dafür sorgen, daß die Tanzlustbarkeit die Grenzen eines geschlossen Vereinsballes nicht überschreitet, und daß insbesondere Fremde, soweit sie nicht ausdrücklich als Gäste eingeladen waren, weder gegen Erlegung eines Eintrittsgeldes noch unentgeltlich zugelassen werden. Es genügt deshalb nicht, wenn sie sich jeder positiven Thätigkeit zur Umwandlung des geschlossenen Tanzvergnügens in ein öffentliches enthalten haben. Schon die fahrlässige Duldung einer solchen Erweiterung der Lustbarkeit und die Unterlassung geeigneter Maßnahmen zur Abwehr derselben, macht sie strafbar, denn es handelt sich um ein polizeiliches Strafverbot, dessen Uebertretung sie als Veranstalter des Tanzvergnügens mit allen ihnen zu Gebote stehenden Mitteln zu verhindern verpflichtet waren (K. G. 26. Febr. 1891, Johow 11, 343).

Aber auch der Wirth macht sich unter Umständen strafbar. Das „Veranstalten“ und „Halten“ einer Tanzmusik im Gegensatz zum „Dulden“ [4]) einer solchen setzt eine positive, auf die Bewirkung einer

---

[1]) Ist eine solche Gastliste vom Verein thatsächlich überreicht, so ist derselbe dadurch keineswegs gehindert, noch andere Gäste einzuladen; eine Beschränkung seines diesbezügl. Rechtes wird dadurch nicht herbeigeführt.

[2]) Natürlich nicht alle, sondern nur diejenigen, welche zur bezw. bei der Veranstaltung der Lustbarkeit u. s. w. mitgewirkt haben.

[3]) Maßgebend ist, ob objectiv eine öffentliche Lustbarkeit vorliegt. Der Veranstalter ist verneinendenfalls nicht strafbar, sollte er auch subjectiv das Vorhandensein einer öffentlichen Lustbarkeit und damit die Genehmigungspflicht angenommen haben.

[4]) Ein Wirth, welcher sobald er bemerkt, daß zu einer Tanzlustbarkeit einer geschlossenen Gesellschaft in seinem Lokale Jedermann gegen Eintrittsgeld zugelassen wird, dieses nicht mit allen ihm zu Gebote stehenden Mitteln verhindert,

solchen gerichteten Thätigkeit voraus. Allein wenn der Schankwirth wissentlich[1]) zur Abhaltung einer thatsächlich öffentlichen, aber nicht polizeilich genehmigten Lustbarkeit seine Räume hergiebt, so will er dieselbe auch und wirkt zu ihrer Entstehung mit, hält also dieselbe mit ab. Nur wenn der Wirth, sei es auch durch eigene Fahrlässigkeit, von der Oeffentlichkeit der Lustbarkeit oder an Sonntagen (vgl. § 13) von der Tanzmusik überhaupt keine Kenntniß hatte oder wenn er nach erlangter Kenntniß alles Mögliche[2]) gethan hat, um die Lustbarkeit zu hindern, hält er die letztere weder mit ab noch veranstaltet dieselbe. (K. G. 8. Aug. 1901; Selbstverwaltung 1902 S. 156.) An sich würde es eine Härte bedeuten, wenn man einen Schankwirth, welcher an einen sich äußerlich als geschlossene Gesellschaft präsentirenden Personenkreis im guten Glauben sein Lokal zwecks Veranstaltung einer Lustbarkeit hergiebt, strafrechtlich dafür verantwortlich machen wollte, wenn durch mangelnde Aufsicht u. s. w. der Vorstandsmitglieder die Lustbarkeit zu einer öffentlichen auswächst. Indeß gewöhnlich stecken Wirth und geschlossene Gesellschaft unter einer Decke und wird eidliche Vernehmung der Mitglieder regelmäßig soviel Material für eine Kenntniß des Wirthes ergeben, um seine strafrechtliche Verurtheilung zu sichern.

Die Mindeststrafe für die Veranstaltung einer öffentlichen Tanzlustbarkeit ohne polizeiliche Genehmigung beträgt in vielen Provinzen z. B. Brandenburg 10 Mark.

Einschreiten der Polizei:

Kommt die Polizeibehörde nach pflichtgemäßer Prüfung zu der Ueberzeugung, daß die geschlossene Gesellschaft einen dem preuß. Vereinsgesetz (§§ 2 u. 8) unterliegenden Verein bildet — hierzu kann die Tagesordnung der Versammlung oder das Auftreten von Rednern bestimmter politischer Richtung u. dgl. ausreichenden Anlaß geben — so muß sie alle Maßregeln gegen dieselbe ergreifen, welche ihr das Vereinsgesetz an die Hand giebt, insbesondere die Versammlung auflösen wegen nicht erfolgter polizeilicher Anmeldung.

---

ist zwar nicht wegen Veranstaltung, wohl aber wegen Duldens einer öffentlichen Tanzmusik strafbar (K. G. 15. Febr. 1894, Johow 15, 206).

[1]) Diese Wissenschaft kann der Wirth durch die Veröffentlichung des Vergnügens in den Zeitungen, durch die Art der Einführung der Gäste, der Handhabung der Kontrolle an der Saalthür u. s. w. erlangen.

[2]) Formelle Aufforderungen, die nicht als Gäste anzusehenden Personen zu entfernen, genügen nicht. Der Wirth muß mit aller Energie auf der Entfernung bestehen und nöthigenfalls die Polizei rufen bezw. sein Lokal der Gesellschaft entziehen.

Handelt es sich nicht um eine nicht dem Vereinsgesetz unterstellte geschlossene Gesellschaft, so muß die Polizeibehörde, wenn sie im Einzelfalle auf Grund der angestellten Ermittelungen[1]) oder aus sonstigen Umständen[2]) zu der Ueberzeugung gelangt, daß die von derselben veranstaltete Lustbarkeit als eine öffentliche, der polizeilichen Genehmigung bedürfende anzusehen ist, den Beginn oder die Fortsetzung der Lustbarkeit verhindern, nöthigenfalls mit Gewalt,[3]) und Bestrafung wegen Veranstaltung einer öffentlichen Tanzlustbarkeit u. s. w. ohne polizeiliche Erlaubniß herbeiführen. Rechtfertigt die Organisation des Vereins (vgl. § 7 B. S. 40) den Schluß, daß die Veranstaltungen desselben z. B. Theateraufführungen öffentliche sind, so ist ein Verbot der Polizei auch bezüglich der zukünftigen Vorstellungen so lange gerechtfertigt, als sich die thatsächlichen Voraussetzungen, insbesondere die Organisation des Vereins, nicht ändern.[4])

Dagegen darf die Polizei nicht, lediglich aus dem Grunde, weil vom Vereine früher veranstaltete Tanzlustbarkeiten öffentliche gewesen sind, jede künftige Tanzlustbarkeit des Vereins ohne Weiteres als öffentliche behandeln und deshalb von vornherein untersagen, denn eine geschlossene Gesellschaft kann, ohne diese Eigenschaft für die Zukunft zu verlieren, einzelne öffentliche Lustbarkeiten veranstalten.[5])

B. Stempelsteuer (Staatssteuer).[6])

Nach Nr. 39 (Lustbarkeiten) des Stempelsteuertarifes vom 31. Juli 1895 unterliegen Genehmigungen der Ortspolizeibehörden zur Veranstaltung von Musikaufführungen, Singspielen, Gesangs- und deklamatorischen Vorträgen, theatralischen Vorstellungen oder sonstigen

---

[1]) Hierzu können frühere Vorkommnisse genügenden Anlaß geben.

[2]) z. B. aus der Art der Veranstaltung, unter Umständen aus der Ankündigung der Lustbarkeit in verschiedenen Zeitungen (O. V. G. v. 5. Dez. 1899; Preuß. Verw. Bl. XXI, 279). Vgl. aber § 8 unter b S. 48.

[3]) O. V. G. v. 24. Sept. 1888 (E. 18, 422) u. 24. Jan. 96 (E. 29, 429).

[4]) Tritt dieser Fall ein, so können die Vorstandsmitglieder die Aufhebung der auf die Dauer wirkenden polizeilichen Verbotsverfügung beantragen und eventuell die Rechtsbehelfe der §§ 127 ff. des Landesverwaltungsgesetzes v. 30. Juli 1883 ergreifen. (O. V. G. E. 15, 415 u. 29, 429).

[5]) O. V. G. 3. März 1899 (E. 35, 442).

[6]) Werden öffentliche Lustbarkeiten ohne polizeiliche Genehmigung abgehalten, so kann der Stempel zu der Genehmigung nicht nachträglich erhoben werden. Vgl. Ministerialerlaß vom 15. Nov. 1896 (M. Bl. S. 239) zu III. Eine Art der Hinterziehung, wenn auch keine nach dem Stempelsteuergesetze strafbare, ist aber begangen und auch wohl beabsichtigt. Es bleibt nichts anderes übrig, als durch höhere Bemessung der Strafe aus der Polizeiverordnung hierauf Rücksicht zu nehmen.

Lustbarkeiten aller Art und zwar sowohl von öffentlichen als von Privat- oder von geschlossenen Gesellschaften dargebotenen einen Stempel von 1,50 Mark, bei Lustbarkeiten geringfügiger Art 50 Pfennig. Nach Nr. 77 Litt. d. a. a. O. sind Führungszeugnisse, soweit sie nicht zur Erlangung der in den Tarifstellen „Erlaubnißertheilungen" und „Lustbarkeiten" aufgeführten Genehmigungen u. s. w. erforderlich sind, von dem Stempel (1,50 Mark) für amtliche Zeugnisse in Privatsachen befreit.

Diese Vorschriften gelten für geschlossene Gesellschaften nur dann, wenn dieselben polizeilicher Genehmigung bedürfen. Vgl. oben unter A u. § 5 S. 16 u. 17.

Nach dem Ministerialerlaß vom 30. Nov. 1898 fallen die von Vereinen aus Anlaß der kirchlichen Feier des Erntedankfestes unter Mitführung der Fahne und eines Musikkorps veranstalteten gemeinschaftlichen Kirchgänge nicht unter den Begriff der Tarifstelle 39; polizeiliche Genehmigungen zur Veranstaltung solcher Aufzüge sind daher in stempelfreier Form zu ertheilen.

Wegen der Kriegervereine vgl. Anhang unter d.

C. Lustbarkeitssteuer (Gemeindesteuer).

Nach § 15 des Kommunalabgabengesetzes vom 14. Juli 1893 (G. S. S. 152) ist den Gemeinden die Besteuerung von Lustbarkeiten einschließlich musikalischer oder deklamatorischer Vorträge ... gestattet.[1]) Einschränkungen, welche bei dieser Besteuerung zu beachten sind, hat das Gesetz nicht angegeben. Es ist jedoch, wie die Ausführungsanweisung vom 10. März 1894 ausführt, nicht beabsichtigt worden, die Besteuerung jeder Lustbarkeit von unzweifelhaft rein häuslichem Charakter zu ermöglichen oder die Besteuerung derjenigen Lustbarkeiten, bei welchen ein höheres wissenschaftliches oder Kunstinteresse obwaltet, ohne Ausnahme zu empfehlen; vielmehr sollte den Gemeinden die Möglichkeit eröffnet werden, die Besteuerung auf solche Lustbarkeiten auszudehnen, welche nach ihrer Zugänglichkeit und ihrem Umfange mehr oder minder von derselben Bedeutung, wie die öffentlichen Lustbarkeiten sind, beispielsweise also die von großen geschlossenen Gesellschaften für ihre Mitglieder veranstalteten Lustbarkeiten. Das Oberverwaltungsgericht[2]) hat ohne Rücksicht auf die Größe geschlossener Gesellschaften alle Lustbarkeiten derselben mit Ausnahme derjenigen,

---

[1]) Die Erhebung von Lustbarkeitssteuern schließt die Erhebung von Gebühren für die Beaufsichtigung der Lustbarkeit (wo diese zulässig ist) aus. (§ 6 des Kommunalabgabengesetzes vom 14. Juli 1893; G. S. S. 152.)

[2]) Urth. v. 28. März 1896 II, 630 (Selbstverwaltung 1897 S. 35).

welche einen „rein häuslichen Charakter“ tragen, als der Lustbarkeits-steuer unterliegend erklärt, mit der Begründung, daß dem nicht von einem einzelnen Gastgeber, sondern von dem gesammten Verein veranstalteten Fest der „rein häusliche Charakter“ nicht zuerkannt werden könne.

Als „Lustbarkeiten“ kommen in Betracht alle der Ergötzung und Unterhaltung dienenden Veranstaltungen und Vorführungen, bei denen ein höheres Interesse der Kunst und Wissenschaft nicht obwaltet. Unerheblich für den Begriff der Lustbarkeiten ist der Zweck ihrer Veranstaltung, insbesondere, ob sie zu patriotischen, kirchlichen, gemeinnützigen, wohlthätigen oder mildthätigen Zwecken stattfinden oder nicht, ferner ob die Lustbarkeiten von einzelnen Personen oder ganzen Gesellschaften dargeboten werden, ob die Veranstaltung eine gewerbsmäßige ist oder nicht.[1]) Man hat hier vorzugsweise zu denken an: Die Veranstaltung von Tanzbelustigungen,[2]) Konzerten,[3]) Theatervorstellungen, Gesangs- oder deklamatorischen Vorträgen auf dem Klavier,[4]) einem mechanischen oder anderen Musikinstrumenten,[5]) Vorstellungen von Kunstreitern, Gymnastikern, Equilibristen, Ballet- und Seiltänzern, Taschenspielern, Zauberkünstlern, Bauchrednern, Kraftmenschen, das Halten von Karoussels, Schaukeln, Würfel- oder Schießbuden,[6]) Marionettentheatern,

---

[1]) Ministerialerlaß vom 15. Nov. 1896 (M. Bl. S. 239).

[2]) Auch „Tanzstunden“, in denen vorgeblich Tanzunterricht ertheilt wird, arten an manchen Orten zu öffentlichen Vergnügungen aus. Auch ein Tanz mit Klavier- u. s. w. Begleitung, der garnicht in Aussicht genommen, sondern improvisirt ist, ist eine Tanzlustbarkeit. Nach K. G. 17. Sept. 1898 (Selbstv. 1899 S. 183) kann sogar in dem Stehenlassen eines unverschlossenen Klaviers in der Wirthsstube das Veranstalten einer Lustbarkeit seitens des Wirths gefunden werden.

[3]) Konzerte in Kirchen und an Bußtagen unterliegen regelmäßig nicht der Lustbarkeitssteuer, weil nicht ohne Weiteres vorausgesetzt werden kann, daß sie unterhaltend und ergötzend wirken sollen. O. V. G. v. 3. Febr. 99 Preuß. V. Bl. XX, 343.)

[4]) Eine in einer Wirthschaft versammelte Gesellschaft, die zu ihrem Vergnügen ein allgemeines Lied singt, bietet um deswillen noch keinen Gesangsvortrag. Wird der gemeinschaftliche Gesang mit einem Klavier begleitet, so ist dieses kein Klaviervortrag, denn die Begleitung ist dem Gesange gegenüber etwas Nebensächliches. (O. V. G. v. 22. April 1899, Preuß. Verwaltungsblatt XXI, 6.)

[5]) Zu diesem gehören auch Musikautomaten (O. V. G. v. 23. Juni 1897, Entsch. 32, 98.)

[6]) Das Preis- und Wettschießen (Königsschießen) einer Schützengilde kann als Lustbarkeit versteuert werden, dagegen nicht bloße Schießübungen, die zur Erlangung der Schießfertigkeit dienen (O. V. G. v. 4. März 1898, Preuß. Verw. Bl. XX, 99).

das Schaustellen von Menschen und Thieren, das Vorzeigen von Panoramen, Wachsfigurenkabinets, Museen, das Abbrennen von Feuerwerken, die Veranstaltung öffentlicher Aufzüge (Vereins- und Schüleraufzüge, Fackelzüge u. s. w.), Musikaufführungen auf öffentlichen Straßen, Plätzen und Wegen und dgl.

Wegen der Kriegervereine vgl. Anhang unter d. Auch die von einer Freimaurerloge in deren Räumen veranstalteten Vereinsvergnügen sind der Lustbarkeitssteuer unterworfen. [1]) Ueber die Voraussetzungen der Erhebung der Lustbarkeitssteuer aus Anlaß einer vom Offizierskorps in der Offizierspeiseanstalt (Casino) abgehaltenen Ballfestlichkeit vgl. die Urtheile des O. V. G. v. 1. Nov. 1901 (Selbstverwaltung 1902 S. 99) und v. 28. März 1896 (Preuß. Verwalt. Bl. XVIII, 101).

Um den richtigen Eingang der Lustbarkeitssteuer herbeizuführen, können die Gemeinden in einer Steuerordnung gemäß § 82 des Kommunalabgabengesetzes unter Androhung von Strafe rechtsgültige Vorschriften treffen. Sie können sogar anordnen, daß die Abgabe vor Beginn der Lustbarkeit zu entrichten sei. [2]) Damit wird auch den Vorständen geschlossener Vereine eine Meldepflicht bezüglich ihrer Vergnügen auferlegt. Diese „steuerliche" Anmeldung ist aber ihrem Wesen nach ganz verschieden von einer polizeilichen, die, wie oben ausgeführt, bei geschlossenen Gesellschaften nicht nothwendig ist. [3]) Es steht nichts im Wege, daß die Gemeindebehörde die Lustbarkeitssteuer durch ihre Polizeibeamten, die dann aber nur als „Gemeindebeamte" erscheinen, erheben bezw. Polizeiorgane irgendwie bei der Entrichtung mitwirken läßt, indeß dadurch wird die Erstattung der Lustbarkeitssteuer noch nicht zur Erfüllung einer polizeilichen Verpflichtung, denn es handelt sich hier lediglich um eine Steuerleistung und im Steuerwesen besteht keinerlei Kompetenz der Polizeibehörde. Zutreffend bemerkt Beyendorff in der Selbstverwaltung 1902 S. 146:

---

[1]) O. V. G. v. 11. Juli 1896 (Selbstverw. 1897 S. 67) und K. G. vom 16. Januar 1896 (Goltd. 43, 437).

[2]) Nach K. G. v. 27. Mai 1895 (Johow 17, 378) soll dies sogar durch Polizeiverordnung geschehen können.

[3]) Ob auf Grund des § 6 Ziff. i des Gesetzes vom 11. März 1850, welcher ortspolizeilicher Regelung unterstellt: „alles Andere, was im besonderen Interesse der Gemeinden und ihrer Angehörigen polizeilich geordnet werden muß", die Anmeldung der Lustbarkeitssteuerpflichtigen Veranstaltungen im Wege einer Polizeiverordnung angeordnet werden kann, ist zweifelhaft. Das K. G. (Urth. v. 27. Mai 1895; Johow 17, 378) hat die Polizei-Verordnung für Köln, welche die Anzeige von Lustbarkeiten bei der Polizei anordnet, für rechtsgültig erklärt.

„Es können wohl im Wege der Dienstpragmatik Polizeibeamte mit steuerlichen Functionen betraut werden, unmöglich aber kann hierdurch eine Erweiterung der lediglich vom Gesetzgeber zu umgrenzenden polizeilichen Zuständigkeit herbeigeführt werden. Hierauf müssen die in jener Weise verwendeten Polizeiorgane stets bedacht sein, damit sie, wie leider nicht gerade selten geschehen, sich nicht verleiten lassen, polizeiliche Maßnahmen (z. B. Inhibirung des Vergnügens) im Interesse der Lustbarkeitssteuer zu treffen. Es muß eben scharf getrennt werden zwischen den eigentlich polizeilichen und den nur steuerlichen Obliegenheiten; eine derartige Scheidung mag dem Beamten zuweilen schwer fallen, sie ist aber unerläßlich: der widerrechtlich seine Zuständigkeit überschreitende Beamte würde nicht nur disciplinare Bestrafung zu gewärtigen haben, sondern würde auch zivilrechtlich für allen Schaden haften, den er durch eine „polizeiliche" Behandlung einer rein steuerlichen Angelegenheit verursacht hat.

Selbst bei öffentlichen Tanzlustbarkeiten u. s. w. ist eine Verhinderung des Vergnügens wegen nicht entrichteter Lustbarkeitssteuer unzulässig.

§ 13. Versammlungen und Vergnügungen an Sonn- und Festtagen und während der Landestrauer.

A. Nach dem Trauerreglement vom 7. October 1797 [1]) werden bei dem Ableben des Königs, der Königin und einer verwittweten Königin von Preußen die Musik und die Schauspiele acht Tage lang eingestellt. Der Zusatz „öffentlich" fehlt hier. Man hat offenbar an die in Wirthshäusern [2]) und sonstigen öffentlichen Orten stattfindenden Musik- und Theateraufführungen gedacht. Die in Privathäusern stattfindenden fallen nur dann unter das Reglement, wenn sie mit besonderem Geräusch verknüpft und deshalb auf der Straße wahrnehmbar sind. Dies wird insbesondere bei Festlichkeiten großer geschlossener Gesellschaften der Fall sein.

B. Nach der Allerhöchsten Kabinetsordre vom 7. Febr. 1837 (G. S. S. 6 [3]) sind die Regierungen [4]) ermächtigt, um die äußere Heilig-

---

[1]) Edicten-Sammlung v. 1797 S. 1431. Vgl. auch Groschuff S. 122.

[2]) Auch in den einer geschlossenen Gesellschaft zu Verfügung gestellten geschlossenen Räumen derselben.

[3]) Für die Provinzen Schleswig-Holstein, Hannover, Hessen-Nassau und Hohenzollern trifft die gleiche Anordnung das Gesetz vom 9. Mai 1892 (G. S. S. 107.)

[4]) Jetzt Oberpräsident oder Regierungspräsident (§ 137 ff. des Ges. v. 30. Juli 1883). Die untergeordneten Behörden sind selbst im Falle einer Delegation zum Erlaß solcher Anordnungen nicht befugt (K. G. in Goltd. 37, 217); jedoch kann denselben das Treffen von Ausführungsanordnungen übertragen werden (K. G. Johow 8, 219.)

haltung der Sonn- und Festtage[1]) zu bewahren, die zu diesem Zwecke erforderlichen Anordnungen zu erlassen. Vgl. auch § 366 Nr. 1 St. G. B.

Geschlossene Gesellschaften sind von diesen Polizeiverordnungen nicht ausgeschlossen.

Abhängig ist die Gültigkeit der Polizeiverordnung davon, daß sie bezweckt, Störungen der Sonn- und Festtagsfeier für die Allgemeinheit, also solche Störungen zu vermeiden, welche nach außen hin unmittelbar bemerkbar und daher geeignet sind, die äußere Heilighaltung der Sonn- und Festtage, die äußere Ruhe an diesen Tagen zu beeinträchtigen.[2]) Daß auch Versammlungen und Lustbarkeiten einer geschlossenen Gesellschaft ihrer geräuschvollen Art zufolge geeignet sind, nach außen hin bemerkt zu werden, bedarf keiner näheren Ausführung.[3])

Während das O. V. G. in seinem Urtheile vom 9. Juni 1899 (D. J.-Z. 5, 75 u. E. 35, 424) das Verbot öffentlicher Versammlungen für die Stunden des Hauptgottesdienstes in der Verordnung des Oberpräsidenten von Brandenburg vom 7. Juli 1888, § 10, für gültig erachtet, weil solche Versammlungen geeignet seien, „durch Abziehung vom Gottesdienste die Sonntagsfeier zu stören,“ hat das Kammergericht (Urth. v. 22. April 1901, Johow 22, C. 60) die Verordnung des Oberpräsidenten von Hannover vom 22. August 1900, die öffentliche Versammlungen, welche nicht gottesdienstlichen Zwecken dienen, am Charfreitage und Bußtage untersagt und an den übrigen Sonn- und Festtagen erst nach der Zeit des Hauptgottesdienstes gestattet, für rechtsungültig erklärt, soweit sie sich auf öffentliche Versammlungen bezieht, welche unter den § 1 des Vereinsgesetzes und Art. 29, Abs. 1 der Verfassung fallen, also Versammlungen in geschlossenen Räumen, in welchen öffentliche (oder private) Angelegenheiten erörtert und berathen werden sollen; das K. G. sagt: „Diese letzteren Versammlungen unterstehen polizeilichen Verboten im Interesse der Sonntagsheiligung nicht, weil sie nicht die äußere

---

[1]) Nur kirchliche Festtage gehören hierher, dieselben müssen landesrechtlich (nicht bloß kirchlich) als Festtage anerkannt sein (K. G. 12. April 85; Johow 5, 353). In den älteren preußischen Landestheilen sind dies: die beiden Weihnachtstage, Oster- und Pfingstmontag, Neujahr, Christi Himmelfahrt, Bußtag, Charfreitag; in der Rheinprovinz auch Allerheiligen.

[2]) K. G. v. 8. April 1897 (Selbstverw. 1897 S. 305.)

[3]) Bei Veranstaltungen in Privaträumen oder Privatgärten wird gefordert werden müssen, daß sie die äußere Sonntagsruhe thatsächlich stören.

(nur diese hat die Allerh. Kabinetsordre vom 7. Februar 1837 im Auge), sondern höchstens die innere Sonntagsheiligung zu stören geeignet sind. Auch unterliegen die vom Vereinsgesetz umfaßten Versammlungen als solche (in ihrer Eigenschaft als Versammlungen) polizeilichen Beschränkungen nur insoweit, als das Vereinsgesetz selbst derartige Beschränkungen gestattet."

Daß die Polizeiverordnungen nur Bestimmungen für die Dauer des Gottesdienstes treffen dürfen, ist nirgends vorgeschrieben, auch nicht anzunehmen, da sich die Heiligkeit der Feiertage nach religiösen Anschauungen nicht bloß auf die Dauer des Gottesdienstes beschränken soll.[1]) Es kann daher vorgeschrieben werden, daß Lustbarkeiten in Wirthshäusern oder sonstigen Vergnügungslokalen, Klubhäusern der Gesellschaften, an Sonn- und Feiertagen vor einer bestimmten Nachmittagsstunde (3 oder 4 Uhr) nicht anfangen, sowie Bälle und ähnliche Lustbarkeiten an hohen Feiertagen überhaupt nicht stattfinden dürfen.[2])

Das Kammergericht (Urth. v. 8. Juli 1897, D. J. Z. 1897 S. 495)[3]) hat ferner eine Oberpräsidialverordnung für rechtsgültig erklärt, welche bestimmt: „An den Vorabenden der drei großen Feste (Weihnachten, Ostern und Pfingsten), des Bußtages, des evangelischen Todtenfestes und des katholischen Allerseelentages, sowie an den drei letztgenannten Tagen selbst und in der ganzen Charwoche[4]) dürfen Tanzmusiken, Bälle und ähnliche Lustbarkeiten nicht veranstaltet werden, und zwar auch nicht in geschlossenen Räumen von geschlossenen Gesellschaften." In den Urtheilsgründen wird ausgeführt:

„Die allgemeine Feier beginnt nicht mit dem Anfange des Kalendertages des betreffenden Sonntags, denn die den Sonntag einleitenden Nachtstunden unterscheiden sich in nichts von denen werktäglicher Nächte. Die allgemeine Feier beginnt vielmehr erst mit den Morgenstunden des Sonntags. Eine Polizeiverordnung, welche den Schluß der Tanzlustbarkeiten geschlossener Gesellschaften an den Sonnabenden schlechthin auf 12 Uhr Nachts festgesetzt, entbehrt deshalb der gesetzlichen Gültigkeit[5]). Anders verhält es sich mit den drei großen Festen (Ostern, Pfingsten und Weihnachten), sowie den dem Bußtage, dem

---

[1]) O. V. G. v. 21. Januar 1898 (Preuß. Verw. Bl. XX, 6.)

[2]) Vgl. die Oberpräsidialverordnungen für Brandenburg (14. Juni 1892), Posen (14. April 1896) und Sachsen (23. April 1896). Die Aufführung ernster Musikstücke (Oratorien u. s. w.) ist gewöhnlich ausgenommen. Die Rezitation eines ernsten Schauspiels ist eine Lustbarkeit und deshalb regelmäßig verboten (O. V. G. v. 21. Januar 1898; Preuß. Verw. Bl. XX, 6.)

[3]) Vgl. auch K. G. 16. Mai 1898 (Johow 19, 32.)

[4]) Der Palmsonntag gehört nicht zur Charwoche. (K. G. 20. Jan. 98 (Selbstv. 98 S. 104.)

[5]) Ebenso K. G. 8. Aug. 1901 (Selbstverw. 1897, S. 156.)

evangelischen Todtenfeste und dem katholischen Allerseelentage vorausgehenden Nächten, denn diese Vorabende dienen nach religiösem Brauche schon der Vorbereitung zum folgenden Feiertage und werden auch im bürgerlichen Leben als einleitende Theile derselben betrachtet, wie sich aus ihrer Bezeichnung mit dem Namen Heiligabend ergiebt."

Der Ansicht des Kammergerichts kann nicht uneingeschränkt beigetreten werden. Der Sonn- und Feiertag beginnt frühestens um Mitternacht. Der Vorabend ist durch die Kabinetsordre vom 7. Februar 1837 nicht gedeckt. Die ersten Morgenstunden des Sonntags dienen allerdings regelmäßig noch nicht der kirchlichen Feier, indeß wird man 4 Uhr Morgens im Sommer, 5 Uhr im Winter als die Schlußstunde für Vergnügungen geschlossener Gesellschaften festsetzen dürfen, da im Sommer die Leute um diese Zeit schon aufzustehen pflegen und dann durch das Geräusch der Lustbarkeit in ihrer sonntäglichen Stimmung und religiösen Sammlung, welche auch außerhalb der Kirche möglich ist, beeinträchtigt werden können. Endlich besteht die Charwoche auch aus Werktagen.

Neuerdings hat denn auch das Kammergericht (Urth. v. 27. Juni 1901, Johow 22 C. 81) angenommen, daß für die Werktage der Bußtagswoche Polizeiverordnungen auf Grund der Allerhöchsten Kabinetsordre v. 7. Februar 1837 bezw. des Gesetzes vom 9. Mai 1892 nicht erlassen werden können.

Damit dürfte die Ansicht des Kammergerichts auch bezüglich der Werktage der Charwoche in unserem Sinne modifiziert sein.

§ 14. Tragen von Fahnen, Waffen, Uniformen, Vereinsabzeichen.

a) Fahnen. Nach der Allerhöchsten Kabinetsordre vom 4. September 1854 soll die Bewilligung von Fahnen an Schützengilden und ähnliche Vereine nur ausnahmsweise bei besonderen Veranlassungen und, sofern es sich um größere Korporationen handelt, eintreten.[1]) Die kirchliche Einweihung bezw. Einsegnung der an Vereine, Schützengilden u. s. w. verliehenen oder von ihnen beschafften Fahnen durch einen Geistlichen, selbst wenn dieser hierbei das Ornat nicht trägt, ist unter allen Umständen unzulässig.[2]) Dies Verbot bezieht sich aber nur auf Vereine mit eigentlich militärischem Charakter (Kriegervereine, Schützengilden), dagegen insbesondere nicht auf kirchliche Vereine, Bruderschaften, Gesellenvereine u. s. w., sowie überhaupt nicht auf

[1]) Ministerialerlaß vom 22. Dezember 1862 (I. M. J. 2635).
[2]) Ministerialerlaß vom 8 .April 1861 I. 787 u. 15. Juni 1868 I. M. J. 2272.

Fahnen, welche rein kirchlichen Zwecken dienen.[1]) Eine Polizeiverordnung, welche das Entfalten einer rothen Fahne auf öffentlicher Straße verbietet, ist nach § 6 Litt. b u. c des Ges. v. 11. März 1850 rechtsgültig, widerspricht auch nicht dem Art. 27 der preuß. Verfassung; denn letztere giebt zwar das Recht, seine Meinung frei zu äußern, nicht aber zu Straßendemonstrationen. (K. G. 26. März 96; Johow 18, 273.) Dasselbe gilt von einer Polizeiverordnung, welche das öffentliche Aushängen, Ausstellen und Tragen von Fahnen und Flaggen in anderen, als den preußischen Landes- oder den deutschen Reichs- und Landesfarben ohne Genehmigung der Polizei verbietet, denn sie findet ihre Grundlage im § 6 Litt. b des Gesetzes vom 11. März 1850 (Ordnung, Sicherheit und Leichtigkeit des Verkehrs auf öffentlichen Straßen, Wegen und Plätzen); dagegen muß einer Polizeiverordnung, welche das Tragen von Bändern, Kokarden und Abzeichen in den gedachten, verbotenen Farben verbietet, die Rechtsgültigkeit abgesprochen werden.[2])

Die Bestimmung des § 93 Nr. 1 des Preuß. St. G. B., welche denjenigen, welcher böswillig oder verbotswidrig Fahnen, Zeichen oder Symbole, die den Geist des Aufruhrs zu verbreiten oder den öffentlichen Frieden zu stören geeignet sind, öffentlich ausstellt, verkauft oder sonst verbreitet, mit Strafe bedroht, ist durch § 2 E. G. z. St. G. B. außer Kraft gesetzt.[3])

Bei öffentlichen Aufzügen u. s. w. (§§ 9 u. 10 des Vereinsgesetzes) kann die Polizei durch Vorenthaltung der Genehmigung derartige Demonstrationen u. s. w. verhindern. Handelt es sich dagegen um das Entrollen und die Weihe einer rothen Fahne in einer sozialdemokratischen, in geschlossenen Räumen stattfindenden Versammlung, so ist die Polizei auf Grund des § 10 II, 17 A. L. R. zu einem Verbote nur befugt, wenn durch die Art, in welcher, oder durch die besonderen Umstände nach Zeit und Ort, unter welchen die Kundgebung vollzogen werden soll, eine unmittelbare Sicherheitsstörung zu besorgen ist.[4]) Eine Polizeiverordnung, welche verbietet, daß rothe Fahnen, deren Anbringung als Demonstration gegen die bestehende Ordnung zu wirken bestimmt und geeignet sind, öffentlich sichtbar in Schanklokalen und öffentlichen Versammlungsräumen angebracht werden, ist rechtsgültig nach § 6 Litt. d. des Ges. v. 11. März 1850. Das

---

[1]) Ministerialerlaß v. 3. Februar 1869 K. 251.
[2]) K. G. v. 17. Dezember 1896 (D. J. Z. 1897 S. 205).
[3]) R. G. (E. in Straff. 16, 340 u. 17, 134).
[4]) O. V. G. v. 13. Juni 1891 (E. 31, 400).

sichtbare Anbringen einer Fahne in einer Versammlung wird indessen dadurch, daß der Zutritt zu derselben jedermann gestattet ist, dieselbe also eine öffentliche ist, noch nicht ein öffentlich sichtbares. Erst dann kann ein solches für vorliegend erachtet werden, wenn die Fahne nach außen hin für Jedermann sichtbar ist. (Urth. v. 25. Okt. 1897; D. J. Z. 1898 S. 146.)

b) Wegen des Tragens von Waffen bei Aufzügen u. s. w. ist § 5 IV zu vergleichen.

Bei Leichenbegängnissen ist das Schießen über dem Grabe, als eine ausschließliche militärische Ehrenbezeugung den Schützengilden nicht zu gestatten.[1]) Dasselbe wird von allen anderen Vereinen, abgesehen von Kriegervereinen,[2]) zu gelten haben.

c) Uniform. Wer unbefugt eine Uniform trägt, wird nach § 360[8] St. G. B. mit Geldstrafe bis zu 150 Mark oder mit Haft bestraft. Gemeint sind nur deutsche Uniformen, nicht auch ausländische. Die Polizei ist indeß befugt, das Tragen von Röcken, Hosen, Mützen u. s. w., wenn dieselben zu Verwechselungen mit Militär- oder Civil-Uniformen Anlaß bieten können, zu untersagen. Wegen der Uniformen von Privat-Musikkapellen vgl. Ministerialerlasse v. 20. Aug. 1896 — II 11215 —, 28. Juni 1897 — II 9120, 23. Dez. 1897 — II 17361 und wegen der Kriegervereine: Anhang unter a.

d) Vereinsabzeichen (Orden). Gegen die Anlegung der von privatrechtlichen Verbänden und Vereinen (Feuerwehr-, Schützen-, Turn-, Gesangs- u. s. w. Vereinen) verliehenen Auszeichnungen, Abzeichen u. s. w. ist nichts zu erinnern, wenn dieselben ihrer Form nach in Verbindung mit dem zugehörigen Bande zu Verwechslungen mit staatlichen — inländischen oder ausländischen — Orden und Ehrenzeichen keinen Anlaß bieten. Dagegen ist in den Fällen, in denen diese Voraussetzung nicht zutrifft, gegen die Anlegung solcher Auszeichnungen auf Grund des § 360 Nr. St. G. B. strafrechtlich bezw. auf Grund des § 10 II, A. L. R. im Wege der polizeilichen Verfügung einzuschreiten. (Erlaß des Ministers des Innern v. 7. Juli 1897; M. Bl. S. 132.)

§ 15. Gastwirthschaft, Schankwirthschaft und Kleinhandel mit Branntwein oder Spiritus bei geschlossenen Gesellschaften.

Der § 33 der Reichsgewerbeordnung bestimmt:

---

[1]) Ministerialerlaß vom 10. Dez. 1844 (M. Bl. S. 305).
[2]) Vgl. Anhang unter a.

Wer Gastwirthschaft, Schankwirthschaft[1]) oder Kleinhandel[2]) mit Branntwein oder Spiritus betreiben will, bedarf dazu der Erlaubniß.[3])

Diese Erlaubniß ist nur dann zu versagen:

1. wenn gegen den Nachsuchenden Thatsachen vorliegen, welche die Annahme rechtfertigen, daß er das Gewerbe zur Förderung der Völlerei, des verbotenen Spiels, der Hehlerei und der Unsittlichkeit mißbrauchen werde;

2. wenn das zum Betriebe des Gewerbes bestimmte Lokal wegen seiner Beschaffenheit und Lage den polizeilichen Anforderungen nicht genügt.

Die Landesregierungen sind befugt, außerdem zu bestimmen,[4]) daß

a) die Erlaubniß zum Ausschänken von Branntwein oder zum Kleinhandel mit Branntwein oder Spiritus allgemein,

b) die Erlaubniß zum Betriebe der Gastwirtschaft oder zum Ausschänken von Wein, Bier oder anderen, nicht unter a fallenden geistigen Getränken in Ortschaften mit weniger als 15000 Einwohnern, sowie in solchen Ortschaften mit einer größeren Einwohnerzahl, für welche dies durch Ortsstatut (§ 142) festgesetzt wird,

von dem Nachweis eines vorhandenen Bedürfnisses abhängig sein solle.

Vor Ertheilung der Erlaubniß ist die Ortspolizei- und die Gemeindebehörde gutachtlich zu hören.

Die vorstehenden Bestimmungen finden auf Vereine, welche den gemeinschaftlichen Einkauf von Lebens- und Wirthschaftsbedürfnissen im Großen und deren Absatz im Kleinen zum ausschließlichen oder hauptsächlichen Zweck haben,[5]) einschließlich der bereits bestehenden, auch dann Anwendung, wenn der Betrieb auf den Kreis der Mitglieder beschränkt ist.

Die Landesregierungen können anordnen, daß die Bestimmungen des § 33, mit Ausnahme derjenigen in Abs. 3 unter b, auch auf andere Vereine, einschließlich der bereits bestehenden, selbst dann Anwendung finden, wenn der Betrieb auf den Kreis der Mitglieder beschränkt ist.

Von dieser Befugniß ist in Preußen Gebrauch gemacht. Der Erlaß des Ministers[6]) des Innern vom 27. Dezember 1896 (M. Bl.

---

[1]) Der Begriff der Schankwirthschaft umfaßt alle Getränke, welche auf der Stelle getrunken werden und Gegenstand des gewerblichen Verkaufs sind, nicht allein geistige, sondern auch andere, wie Milch, Thee, Kaffee, Mineralwasser u. dgl., sofern dieselben nicht bloß als Heilmittel, sondern des Wohlgeschmacks wegen oder zur Löschung des Durstes getrunken werden. (R. G. v. 6. Febr. 1896 bezw. 12. Januar 1899; Preuß. Verwaltungsbl. XVII, 474 bezw. XXI, 2.)

[2]) Kleinhandel ist Handel in Quantitäten unter $^{1}/_{2}$ Anker (= 17,715 Liter). Ministerialerlaß v. 20. Nov. 1881 (M. Bl. S. 246.)

[3]) Für die Ertheilung der Erlaubniß ist nach § 114 des Gesetzes v. 1. Aug. 1883 zuständig der Kreis- (Stadt-) Ausschuß; in den zu einem Landkreise gehörigen Städten mit mehr als 10000 Einwohnern der Magistrat.

[4]) Die Bestimmung zu „a" ist für Preußen durch die Allerhöchste Kabinetsordres v. 7. Febr. 1835 u. 21. Juni 1844 (G. S. 1835 S. 18 u. 1844 S. 214); die Bestimmung zu „b" durch die Bekanntmachung vom 14. Sept. 1879 (M. Bl. S. 254) getroffen.

[5]) Sogen. Konsumvereine.

[6]) Daß dieser hierzu befugt ist, hat das O. V. G. in seinem Urtheile vom 25. Januar 1899 (Preuß. Verwaltungsbl. XX, 321) anerkannt.

f. d. i. V. 1897 S. 12) erklärt die einschlägigen Bestimmungen der Gewerbeordnung auf alle Vereine[1]) für anwendbar mit Ausnahme der militärischen Kasinos und Kantinen, deren Betrieb auf den Kreis der Mitglieder beschränkt ist.

Durch § 33 Abs. 6 a. a. O. hat also die Verwaltungsbehörde bezüglich der Beschaffenheit des Lokals, der Eigenschaften des Oekonomen u. s. w. auch gegenüber geschlossenen Gesellschaften weitgehende Befugnisse erlangt. Immerhin ist aber daran festzuhalten, daß das Lokal der geschlossenen Gesellschaft kein öffentlicher Ort ist.[2]) Ist die Konzession gemäß § 33 a. a. O. nicht ertheilt, so sind die Vorstandsmitglieder nach § 147 a. a. O. strafrechtlich verantwortlich. Auch der Geschäftsführer des Vereins kann nach § 151 a. a. O. haften. (O. L. G. Darmstadt, v. 25. Mai 00, Goltd. 48, 373.)

Abtheilung II.

§ 16. Geschlossene Gesellschaften im weitern Sinne (geschlossene Versammlungen).

Das Kammergericht hat in seinem Urtheile vom 2. Dez. 1895 (Johow 17, 328) angenommen, daß auch eine nur zu einem bestimmten Zwecke zusammengetretene Gesellschaft, bei welcher also, wie bei einem Verein, von einer dauernden Organisation und einem bestimmten andauernden Zwecke nicht die Rede ist, die vielmehr nach Schluß der Veranstaltung, der Lustbarkeit, wieder aus einanderfällt u. s. w., eine geschlossene sein kann. Dies ist unzweifelhaft richtig. An solche Gesellschaften wird man im übrigen dieselben Anforderungen stellen müssen, wie an geschlossene Vereine (vgl. § 8).[3]) Es paßt auf jene auch die für letztere gegebene Definition. Insbesondere sind die persönlichen Beziehungen der Theilnehmer zu einander das wesentlichste Merkmal, mögen sie nun geschäftlicher, häuslicher oder freundschaftlicher Art sein. Als ein durch persönliche Beziehungen verbundener Personenkreis gelten vor allem die Familie und die

---

[1]) auch solche, die neben dem Schankwirtsschaftsbetrieb noch andere Zwecke verfolgen. O. L. G. Darmstadt, 25. Mai 00 (Goltd. 48, 373).

[2]) also z. B. Polizeistunde nicht Platz greift.

[3]) Auch die Befugnisse der Polizei sind dieselben, wie sie in den §§ 9 ff. entwickelt sind.

von einem Privatmann oder einer Familie eingeladene Privatgesellschaft. Dieses innerliche Band besteht aber auch bei Personen, die sich in ähnlicher Weise zu geschäftlichen oder freundschaftlichen Zwecken vereinigen. Wenn die Angestellten [1]) eines Geschäfts ein Geschäftsjubiläum, die Beamten einer Behörde ein patriotisches Fest unter sich feiern, so bilden sie einen solchen durch persönliche Beziehungen verbundenen Kreis. Das innere Band besteht in dem Kollegialitätsverhältniß. Auch Familien- und Privatfeste werden öffentlich durch Duldung der Theilnahme beliebiger Personen; wenn also das Vergnügen Jedermann zugänglich ist. Das Kammergericht hat eine Hochzeitsgesellschaft, zu welcher beliebige Personen ohne Weiteres Zutritt hatten, für eine öffentliche erklärt (Urth. v. 11. Mai 1882; Johow 3, 370).

Nach dem Ministerialerlaß vom 26. November 1859 (M. Bl. S. 339) sollen Tanzvergnügungen, welche von Privat- oder sog. geschlossenen Gesellschaften gegen Erhebung eines Eintrittsgeldes veranstaltet werden, dann als öffentliche betrachtet, wenn die Gesellschaft eben zu dem Zwecke, die Tanzlustbarkeit zu veranstalten, zusammengetreten ist. Diese Bestimmung geht auf der einen Seite zu weit, [2]) ist auf der anderen nicht ausreichend. Die Zahlung von Tanzgeld, [3]) Repartition der Kosten des Festes auf die Theilnehmer u. s. w., kann bei Prüfung der Oeffentlichkeitsfrage als wesentliches Moment in Betracht kommen. Allein wer wollte bei einer Beamtenfeier im enggeschlossenen Kreise, die auf gemeinschaftliche Kosten stattfindet, das Kriterium der Oeffentlichkeit annehmen. So hat auch das Kammergericht in seinem oben mitgetheilten Erkenntniß vom 2. Dezember 1895 die Bestimmung der Polizeiverordnung, der Regierung zu Münster vom 21. Aug. 1846, daß Tanzlustbarkeiten von Privatgesellschaften auf dem platten Lande, die auf gemeinschaftliche Kosten in Privatlokalen veranstaltet werden, ohne Weiteres als öffentliche anzusehen seien, für rechtsungültig erklärt.

Zu weit geht entschieden der Ministerial-Erlaß v. 15. Nov. 1896 (M. Bl. S. 239), wenn er die von Privat- oder geschlossenen Gesell-

---

[1]) Das K. G. hat in seinem Urtheile (Johow 16, 323) einen aus der Gesammtheit der Arbeiter einer bestimmten Fabrik mit Ausschluß anderer Personen sich zusammensetzenden Personenkreis, bei welchem der Umfang ein bestimmt und individuell begrenzter ist und die Mitglieder durch Beruf und Gemeinsamkeit ihrer Thätigkeit verbunden sind, für eine geschlossene Gesellschaft erklärt.

[2]) Vgl. § 8 b. S. 50.

[3]) Vgl. auch die § 8 b mitgetheilte Erhebung in verschleierter Form.

schaften veranstalteten Lustbarkeiten schon dann für öffentlich erklärt, wenn die Gesellschaft ausschließlich oder hauptsächlich zu dem Zwecke zusammengetreten ist, Lustbarkeiten u. s. w. zu veranstalten.

Das Hauptgewicht wird darauf gelegt werden müssen, ob ein durch wechselseitige persönliche Beziehungen verbundener Personenkreis vorhanden und ob eine Umgehung des Gesetzes beabsichtigt ist.

Man denke an folgende Fälle: Bei Beginn der Polizeistunde schließen sich die in einem Schanklokale sich noch aufhaltenden Gäste zu einer geschlossenen Gesellschaft zusammen und bleiben nun in dem Schankraume, welcher für später kommende Gäste allerdings nicht mehr zugänglich ist, über die Polizeistunde. Niemand wird glauben, daß diese Personen der Polizeistunde nicht unterworfen seien.

Oder die Gäste einer Restauration beschließen an einem Sonntage, nachdem ihnen der Wirth mitgetheilt hat, die Polizei habe ein öffentliches Tanzvergnügen nicht genehmigt, jetzt in einem für andere Personen nicht mehr zugänglichen Saale zu tanzen.

Einem Privatmann steht frei, beliebig viele Personen, welche aber mit ihm in persönlicher Beziehung stehen müssen, einzuladen zu sich in's Haus oder auch in ein öffentliches Lokal, welches dann für andere Personen geschlossen sein muß. Läßt sich derselbe von seinen Gästen etwas bezahlen, so wird man geneigt sein ein öffentliches Vergnügen anzunehmen. [1]) Oeffentlichkeit der Lustbarkeit ist auch anzunehmen, wenn zwar nichts von den Gästen entrichtet wird, die Einladungen aber z. B. bei den Dorfbewohnern herumgehen und somit eine Ausgleichung bezüglich der Kosten herbeigeführt wird. An einem Sonntage lädt der eine Bauer das ganze Dorf als seine Privatgäste in das Wirthshaus ein, am folgenden der andere Bauer und so weiter, bis alle als Einlader fungirt haben. Ein derartiger Unfug, welcher die Absicht der Gesetzesumgehung klar an der Stirn trägt, ist in manchen Dörfern jetzt an der Tagesordnung.

---

[1]) Es ist aber andererseits zu erwägen, daß in manchen Gegenden es von Alters her gebräuchlich ist, daß die Gäste z. B. bei Hochzeiten, Kindstaufen u. s. w. Geschenke, auch in baarem Gelde, dem Gastgeber machen.

Anhang.

Krieger- und Marine-Vereine.

Eine bevorrechtigte Stellung nehmen die Krieger- und Marine-Vereine[1]) auf Grund der Allerhöchsten Kabinetsordre betr. die Bildung von Vereinen ehemaliger Krieger zum militärischen Begräbnisse verstorbener Kameraden vom 22. Februar 1842 (M. Bl. S. 97)[2]) ein.

a) Dieselbe hat folgenden Wortlaut:

§ 1. Es wird gestattet, daß bei Leichenbegängnissen solcher in bürgerlichen Verhältnissen verstorbener Personen, welche früher im Heere, und zwar im Kriege, mit Ehren gedient haben, eine kriegerische Leichenfeier eintreten kann, wenn die früheren Kameraden dem Verstorbenen dadurch ein freiwilliges Zeichen der Achtung geben wollen.

§ 2. Es können sich demgemäß Vereine derjenigen Männer bilden, welche im Heere[3]) gedient haben, oder noch in der Landwehr dienen. Dies ist ebensowohl auf dem Lande, als in den Städten zulässig, und wenn in den einzelnen Dörfern sich keine genügende Anzahl ehemaliger Krieger oder noch im Dienst befindlicher Wehrmänner finden sollte, so können auch mehrere Ortschaften derartige Bezirksvereine bilden.

§ 3. Diese Vereine bestätigt die Ortspolizeibehörde[4]) und auf dem platten

---

[1]) Diese haben im übrigen ganz dieselben Rechte und Pflichten wie andere Vereine; das Normalstatut für Kriegervereine ist abgedruckt im M. Bl. 1891 S. 89. Wegen Abänderung des § 18 desselben vgl. M. Bl. 1898 S. 148.

[2]) Dieselbe ist weder durch Art. 29 u. 30 der Verfassungsurkunde noch durch das Vereinsgesetz vom 11. März 1850 aufgehoben. (O. V. G. v. 11. Dezember 1878; M. Bl. 1879 S. 73 und Ministerialerlaß am 19. Nov. 1875; M. Bl. 1876 S. 5).

[3]) Jetzt auch in der Marine.

[4]) Die Polizei ist keineswegs verpflichtet, einen jeden solchen Verein, auf welchen nach der persönlichen Qualifikation seiner Mitglieder und nach seiner statutenmäßigen Zweckbestimmung die Kabinetsordre v. 22. Febr. 1842 anzuwenden möglich ist, zu bestätigen; sie kann vielmehr die Angemessenheit und Nützlichkeit der Vereinsbildung nach Maßgabe der dabei obwaltenden konkreten Verhältnisse und des öffentlichen Interesses, welches durch die Vereine im Sinn und nach der ausgesprochenen Intention der Kabinettsordre gepflegt werden soll, ihrer Prüfung unterziehen und eventuell die Bestätigung beanstanden. Diese Befugniß ist der Polizeibehörde so wenig abzusprechen, als die Möglichkeit der

Lande, insoweit sie den Bezirk eines Dominiums oder einer Bürgermeisterei nicht überschreiten, resp. das Dominium oder die Ortsobrigkeit, anderen Falles die landräthliche Behörde.

§ 4. Die Ortsobrigkeiten, in deren Bezirk sich Vereine, die von ihnen bestätigt worden, gebildet haben, sind verpflichtet, davon den Landräthen Anzeige zu machen, und diese haben sowohl in diesen Fällen, als auch in denjenigen, wo dergleichen Vereine von ihnen selbst bestätigt worden sind, den Landwehr-Bataillons-Kommandeuren davon Mittheilung zu machen.

§ 5. Durch die im § 3 erwähnte Bestätigung erhält der Verein ein für alle Mal die Erlaubniß zur militärischen Begleitung der Leichen verstorbener Waffengefährten.

§ 6. Die Vereine haben sich einen Hauptmann[1]) oder Anführer zu wählen, der die Ordnung des Vereins, sowie die Zusammenberufung desselben zu den Begräbnissen leitet. Derselbe hat jedoch jede Begräbnißfeier der Art vorher der Polizeiobrigkeit zu melden, welche da, wo die Garnison steht, hierüber auch dem im Orte kommandirenden Offizier Mittheilung macht.[2])

§ 7. An Orten, wo Schützengilden oder Bürgerwachen bestehen, können die zu ihnen gehörigen Mitglieder der Vereine in der üblichen Ausrüstung und Bewaffnung bei der Leichenfeier erscheinen.

Zurücknahme der Bestätigung, wenn die Thätigkeit des Vereins mit dem ihm zur Förderung anvertrauten öffentlichen Interesse in Widerspruch tritt. (O. V. G. 11. Dez. 1878; M. Bl. 1879 S 73.) — Gegen die ortspolizeiliche Versagung oder Zurücknahme der Bestätigung eines Kriegervereins findet die Klage im Verwaltungsstreitverfahren nicht statt (O. V. G. 13. Juni 1899; M. Bl. S. 119) — sondern nur die Beschwerde. Anders liegt die Sache, wenn die Auflösung des Vereins ausgesprochen wird, und die Polizei somit in die Rechte der Vereinsmitglieder eingegriffen hätte. (O. V. G. 29. Sept. 1899, Selbstverw. 1900 S. 770 und O. V. G. 17. Dez. 1881, E. 11, 402.) Im Allgemeinen ist daran festzuhalten, daß Marinevereine, welche die Bestätigung als Kriegervereine nachsuchen, sich auf die Grenzen eines Kreises beschränken müssen. Ausnahmen sind nur mit Zustimmung des Regierungspräsidenten und nur dann zuzulassen, wenn in einem Kreise frühere Angehörige der Marine nicht in genügender Zahl vorhanden sind, um den Verein lebensfähig zu gestalten, und die räumliche Ausdehnung des Vereinsbezirks nicht die vorschriftsmäßige Veranstaltung der Leichenfeiern und die Pflege des Vereinslebens gefährdet. Anderenfalls muß den früheren Angehörigen der Marine überlassen bleiben, in die sonstigen Kriegervereine einzutreten. Vereine, die über den Bezirk eines Kreises hinausgehen, sind von dem Landrathe (Oberbürgermeister) desjenigen Kreises zu bestätigen, in dem der Verein seinen Sitz hat. Ueber die Grenzen eines Regierungsbezirks hinaus sich erstreckende Vereine sind als Kriegervereine nicht zu bestätigen. (Ministerial-Erlaß v. 21. Sept. 1898; M. Bl. S. 220.) — Nichtbestätigte Vereine ehemaliger Krieger haben dieselben Rechte und Pflichten, wie andere Vereine, nur nicht die Vorrechte eines Kriegervereins.

[1]) Die Verleihung der Charge eines Majors an den Führer eines Kriegervereins ist unzulässig und ihm die Anlegung von Stabsoffizier-Epaulettes nicht gestattet. (Ministerialerlaß v. 20. Aug. 1885 I. M. J. 2601.)

[2]) Diese Verpflichtung der Polizeibehörden ist durch das Vereinsgesetz nicht aufgehoben. (Ministerialerlaß v. 19. Nov. 1875; M. Bl. 1876 S. 5.)

§ 8. An anderen Orten ist nur eine der Trauerfeier angemessene Kleidung[1]) nöthig, jedoch bleibt es überlassen, ob die Vereine sich mit Lanzen bewaffnen oder durch Trauerstäbe mit schwarzem Trauerflor kenntlich machen wollen.

§ 9. Wie die Ehre eines kriegerischen Begräbnisses einen unbefleckten kriegerischen Ruf voraussetzt, so können auch nur Männer von solchem Rufe Mitglieder der Begräbnißvereine werden, und bei der Aufnahme eines neuen Mitgliedes haben die älteren darüber abzustimmen.

§ 10. Die Trauerparade[2]) marschirt vor dem Sarge in zwei Gliedern formirt.

§ 11. Sie besteht bei dem Begräbniß:

a) eines Gemeinen aus 20 Mann in einem Zuge formirt,
b) eines Feldwebels oder Unteroffiziers aus 30 Mann in einem Zuge,
c) eines Leutenants oder Hauptmanns aus 40 Mann in zwei Zügen,
d) eines Staboffiziers aus 60 Mann in drei Zügen,
e) eines Generals aus 80 Mann in vier Zügen,

wodurch jedoch nicht ausgeschlossen ist, daß auch eine geringere Zahl von Mannschaften die kriegerische Begleitung solcher Leichenzüge bilden kann.

§ 12. Der Hauptmann des Vereins befehligt die Trauerparade und bestimmt die Personen zur Führung der Züge.

§ 13. Jedes dieser militärischen Begräbnisse kann von einem Musikkorps begleitet werden.

§ 14. Für das Verhalten der Trauerparade sowie in Rücksicht der Orden und Ehrenzeichen des zu Bestattenden gelten die für militärische Begräbnisse angegebenen Bestimmungen.

Den Ministerien des Krieges und des Inneren gebe ich hiernach die Bekanntmachung und weitere Veranlassung in ihren Ressorts anheim.

b) Den **Kriegervereinen** liegt nach § 6 der Kab. Ordre v. 22. Febr. 1842 (M. Bl. S. 97) nur die Verpflichtung ob, von jeder militärischen Begräbnißfeier und dem damit verbundenen öffent-

---

[1]) Bezüglich der Uniformirung der Kriegervereine bestimmt der Ministerialerlaß vom 9. Januar 1862 (M. Bl. S. 179). Vgl. ferner Allerhöchste Kabinetsordres vom 31. Juli 1862 (M. Bl. S. 283) und vom 9. März 1867 sowie Ministerialerlasse vom 7. October 1892 (M. Bl. S. 365) und vom 14. Juni 1898 I. M. 1917.

[2]) Die Beschießung über das Grab bei der Beerdigung von Mitgliedern ist nur dann gestattet, wenn der betreffende Verein mit Gewehren versehen ist. Die Trauerparade darf jedoch nur aus Vereinsmitgliedern bestehen. Mitglieder von Schützengilden, welche nicht gleichzeitig Mitglieder eines Begräbnißvereins sind, dürfen weder in die Trauerparade treten noch die Beschießung über das Grab ausführen (Ministerialerlaß v. 8. Juli 1860; M. Bl. S. 196). — Die Beschießung über das Grab muß bei Vereinsmitgliedern, welche keinen Krieg mitgemacht haben, unterbleiben (Allerh. Kab. Ordre v. 6. Juni 1844). Vgl. auch Ministerialerlaß v. 5. Januar 1900; I. M. 4905.

Bei Leichenbegängnissen ihrer Mitglieder dürfen Kriegervereine, wenn sie im Besitz einer staatlich genehmigten Vereinsfahne sind, nur diese, anderenfalls aber keine Fahne führen (Ministerialerlaß v. 4. März 1899; M. Bl. S. 50).

lichen Aufzuge der Polizeiobrigkeit Anzeige zu machen. Einer polizeilichen Genehmigung bedürfen sie nach diesem noch giltigen Spezialgesetz nicht, die Polizei kann aber alle ihr im Interesse der öffentlichen Ruhe, Ordnung und Sicherheit nöthig erscheinenden Anordnungen treffen. (O. V. G. 11. Dez. 1878, M. Bl. 1879 S. 73; K. G. 27. October 1890, Johow 11, 306.) Dieses Privilegium hat der Kriegerverein bis zu seiner in rechtswirksamer Weise erfolgten Auflösung, die gemäß §§ 52, 127 ff. des Gesetzes v. 30. Juli 1883 nur durch Zustellung der die Auflösung (Zurücknahme der Bestätigung) aussprechenden Verfügung des Regierungspräsidenten an den Vereins-Vorstand erfolgen kann. Unverschuldete Unkenntniß der Mitglieder eines Kriegervereins von der Auflösung desselben ist bei einer Zuwiderhandlung gegen die §§ 10 u. 17 des Vereinsgesetzes ein Strafausschließungsgrund. (K. G. 17. April 1893, Goltd. 41, 74.)

Die Trauerparade der Kriegervereine darf auch von einem Musikkorps begleitet werden. Das Spielen von Musikstücken („fröhlichen Weisen") auf der Straße bei der Rückkehr vom Begräbniß fällt unter die Strafandrohung einer die Heilighaltung der Sonntage sichernden Polizeiverordnung.[1]) Der Ausdruck, „ein für alle Mal" in der erwähnten Kab. Ordre bedeutet nicht „zu jeder beliebigen Zeit". (K. G. 25. Juni 1888, Johow 8, 221.) Dagegen fällt der Zug eines Kampfgenossenvereins, welcher unter Vorantragen seiner Fahne der Leiche eines Vereinsmitgliedes nach dem Kirchhofe folgt, nicht unter das Verbot der Sabbathordnung für Holstein v. 10. März 1840, deren § 8 alle geräuschvollen Vergnügungen und unter diesen alle Aufzüge in der Feiertagszeit untersagt. (K. V. 23. Nov. 1893, Johow 14, 396.) Alle übrigen öffentlichen Aufzüge der Kriegervereine bedürfen polizeilicher Genehmigung.

c) Bezüglich der Gäste bestimmt § 18 des Normalstatuts für Kriegervereine (M. Bl. 1891 S. 89 u. 1899 S. 148.)

„Gästen darf der Zutritt zu Festlichkeiten und sonstigen Veranstaltungen des Vereins gestattet werden. Gäste können zu Vereinssitzungen nur dann eingeführt werden, wenn sie den Anforderungen des § 2 unter a[2]) genügen. An den Verhandlungen (§ 7) dürfen sie nicht theilnehmen. Auch darf die Zulassung desselben Gastes zu Vereinssitzungen höchstens drei Mal erfolgen."

---

[1]) Vgl. oben § 13 B. S. 67.

[2]) Dieser lautet: „Mitglied des Vereins kann Jeder werden, welcher im stehenden Heere oder der Marine gedient hat, sich im Vollbesitz der bürgerlichen Ehrenrechte befindet, unverbrüchliche Treue gegen König und Vaterland hochhält, einen achtbaren Lebenswandel führt, und in . . . . . seinen Wohnsitz hat".

d) Ueber die Stempelpflichtigkeit der ortspolizeilichen Genehmigung zu den von den Kriegervereinen veranstalteten Lustbarkeiten bestimmt der Ministerialerlaß vom 6. Mai 1899 (M. J. I. B. 3202) folgendes:

A. Hinsichtlich der Landesstempelabgabe: [1])

I. Als Lustbarkeiten im Sinne der Tarifstelle 39 sind nicht anzusehen:

1. gemeinsame Kirchgänge in geschlossenem Zuge;
2. Feldgottesdienste im Freien, auf öffentlichen Plätzen und an öffentlichen Denkmälern;
3. Theilnahme an Paraden der Garnisonen durch Paradeaufstellung und Vorbeimarsch im Anschluß an die Truppentheile der Garnison;
4. eigene Paraden der Vereine nach Art der militärischen Paraden;
5. öffentliche Festzüge;
6. Musikaufführungen auf öffentlichen Straßen und Plätzen nach Art des militärischen Zapfenstreichs;
7. Rückmarsch im geschlossenen Zuge von Leichenbegängnissen.

II. Dagegen gelten als Lustbarkeiten in der Bedeutung der vorerwähnten Tarifstelle und der Nr. I der allgemeinen Verfüguug vom 15. November 1896 (M.=Bl. d. i. V. S. 239):

8. Kommerse;
9. Theatervorstellungen;
10. Konzerte;
11. Abbrennen von Feuerwerk;
12. Tanzbelustigungen.

Diese Veranstaltungen stellen sich als Lustbarkeiten auch alsdann dar, wenn sie sich an Festzüge und Feiern ernsterer Art (Kirchgänge, Paraden u. s. w.) nur anschließen.

Die Veranstaltungen unter 1—6 fallen unter den Begriff der „öffentlichen Versammlungen unter freiem Himmel" oder der „öffentlichen Aufzüge" im Sinne des Vereinsgesetzes vom 11. März 1850 §§ 9 und 10 und bedürfen daher der polizeilichen Genehmigung, die in stempelfreier Form zu gewähren ist. Die unter Nr. 7 aufgeführten Leichenbegängnisse sind nach § 5 der Allerh. Kab.=Ordre (M. Bl. d. i. V. S. 98) nicht genehmigungspflichtig.

Die Veranstaltungen unter Nr. 8—12 sind nur dann genehmigungspflichtig, wenn dies Gesetze oder Polizeiverordnungen vorschreiben. Da nach § 18 der Normalstatuten für Kriegervereine in der Fassung vom 20. Juli 1898 (M. Bl. S. 148) die Lustbarkeiten dieser Vereine nur für Mitglieder und eingeführte Gäste zugänglich sein sollen, so werden derartige Vereinsvergnügungen (Lustbarkeiten innerhalb geschlossener Gesellschaften) von polizeilicher Genehmigung nur selten abhängig gemacht sein. Die Genehmigungspflicht für Kriegervereinsfeste besteht daher im Allgemeinen nur in Ausnahmefällen, z. B. wenn die Satzungen, entgegen dem Normalstatute, den Zutritt von Fremden nicht verbieten und solche im Einzelfalle zugelassen werden, oder wenn das in den Satzungen enthaltene Verbot in einem einzelnen Falle nicht beachtet werden sollte. In solchen Fällen, in denen es nach Vorangeführtem polizeilicher Genehmigung nicht bedarf und ihre Ausstellung von den Betheiligten nur ver=

---

[1]) Vgl. oben § 12 B.

sehentlich beantragt wird, sind die Genehmigungen trotz der gestellten Anträge nicht zu ertheilen, die Antragsteller vielmehr über ihren Irrthum zu belehren.

B. Hinsichtlich der kommunalen Lustbarkeitssteuern:

Die unter A Nr. 1, 2 und 7 aufgeführten Veranstaltungen sind auch im Sinne des Kommunalabgabengesetzes als Lustbarkeiten nicht zu erachten, so daß ihre Heranziehung zu kommunalen Lustbarkeitssteuern nicht zulässig ist.

In Betreff der übrigen Veranstaltungen (unter A Nr. 3—6 und 8—12) kommen die Grundsätze unter II Abs. 3 unseres gemeinschaftlichen Erlasses vom 22. Dezember 1894 (F. M. II. 17795, III. 16951; M. d. J. I B. 9604 P.) zur Anwendung, wonach eine Befreiung der Kriegervereine in Lustbarkeitssteuerordnungen nicht vorzusehen ist.

Dagegen steht nichts im Wege, Befreiungen oder Ermäßigungen allgemein oder in beschränktem Umfang für die an bestimmten Tagen, namentlich bei patriotischen Feiern, stattfindenden Lustbarkeiten zuzulassen.

Zusätze.

Zu S. 26. Vereinsversammlungen.

Es kommt nicht darauf an, daß sich zufällig in der Versammlung ein oder zwei Nichteingeladene befinden und daß dieser Umstand auf eine mangelhafte Kontrolle zurückzuführen ist. Eine besondere Kontrolle oder Sicherung, daß kein Unberufener an der Versammlung theilnimmt, ist nicht nothwendig und nicht vorgeschrieben, um einer Privat- oder Vereinsversammlung ihren Character zu wahren. Fehlt sie, so wird darum die als Vereinsversammlung gewollte und gedachte Versammlung auch nicht zu einer öffentlichen, auch nicht, wenn daraufhin wirklich einige Uneingeladene unberechtigterweise mit hineinschlüpfen. Oeffentlich ist eine Versammlung nur, die dem Publikum offen steht, nicht schon, wenn einige Unbefugte, Uneingeladene, zufällig zugegen sind (K. G. v. 20. Januar 1902 S. 1144/01; ungedruckt).

Zu S. 45. Gäste.

Ob die Einladungskarten gedruckte Zettel sind, ob sie den Namen der Eingeladenen enthalten, oder nicht, ist gleichgültig. Der Zweck mittelst Einführung von Gästen neue Vereinsmitglieder zu gewinnen, kann nicht für die Annahme der „Oeffentlichkeit" verwerthet werden (K. G. v. 20. Januar 1902 (s. oben).

Zu S. 61. Wirth.

„Veranstalten" heißt Maßregeln treffen, die bestimmt und geeignet sind, die Abhaltung einer öffentlichen Tanzlustbarkeit zu ermöglichen, z. B. öffentliches Bekanntmachen des Tanzes, Einladung oder Aufforderung zu demselben, Bestellung der Musik. Hat der Wirth nur gestattet, daß in seinem Lokale von einigen Mitgliedern des Publikums zum Tanz aufgespielt, von anderen getanzt wurde, so hat er die Tanzlustbarkeit nur „geduldet". Das „Dulden" ist aber nach der Oberpräsidialverordnung für Brandenburg v. 14. Juni 1892 nicht strafbar (K. G. v. 7. April 1902; S. 207/02; ungedruckt.)

Sachregister.

(Die Zahlen bedeuten die Seiten.)

U.

V.

W.

Z.

Anhaltische Buchdruckerei Gutenberg e. G. m. b. H., Dessau.

FSC
www.fsc.org
MIX
Papier | Fördert
gute Waldnutzung
FSC® C083411

Kolibri 360 GmbH
Ferdinand-Jühlke-Straße 7
99095 Erfurt, Deutschland
produktsicherheit@kolibri360.de